ATUAIS TENDÊNCIAS EM FORMAÇÃO DE PALAVRAS

Conselho Acadêmico
Ataliba Teixeira de Castilho
Carlos Eduardo Lins da Silva
Carlos Fico
Jaime Cordeiro
José Luiz Fiorin
Tania Regina de Luca

Proibida a reprodução total ou parcial em qualquer mídia
sem a autorização escrita da editora.
Os infratores estão sujeitos às penas da lei.

A Editora não é responsável pelo conteúdo deste livro.
O Autor conhece os fatos narrados, pelos quais é responsável,
assim como se responsabiliza pelos juízos emitidos.

Consulte nosso catálogo completo e últimos lançamentos em **www.editoracontexto.com.br.**

Carlos Alexandre Gonçalves

ATUAIS TENDÊNCIAS EM FORMAÇÃO DE PALAVRAS

editora**contexto**

Copyright © 2016 do Autor

Todos os direitos desta edição reservados à
Editora Contexto (Editora Pinsky Ltda.)

Montagem de capa e diagramação
Gustavo S. Vilas Boas

Preparação de textos
Karina Oliveira

Revisão
Vitória Oliveira Lima

Dados Internacionais de Catalogação na Publicação (CIP)
Angélica Ilacqua CRB-8/7057

Gonçalves, Carlos Alexandre
Atuais tendências em formação de palavras / Carlos Alexandre
Gonçalves. – São Paulo : Contexto, 2024.
112 p.

Bibliografia
ISBN: 978-85-7244-953-3

1. Língua portuguesa – Formação de palavras
2. Língua portuguesa – Morfologia I. Título

16-0134   CDD 469.5

Índice para catálogo sistemático:
1. Língua portuguesa – Formação de palavras

2024

EDITORA CONTEXTO
Diretor editorial: *Jaime Pinsky*

Rua Dr. José Elias, 520 – Alto da Lapa
05083-030 – São Paulo – SP
PABX: (11) 3832 5838
contato@editoracontexto.com.br
www.editoracontexto.com.br

Sumário

Introdução 7

Por que criamos palavras novas? 11
   Primeira resposta: para nomear novas experiências 12
   Segunda resposta: para expressar uma ideia
     numa classe de palavras diferente 14
   Terceira resposta: para fazer o texto progredir 18
   Quarta resposta: para expressar ponto de vista 21
   Quinta resposta: para se identificar com um grupo 24

Neologismos derivacionais,
formações *ex-nihilo* e *hapax legomenon* 29
   Neologismos derivacionais 29
   Formações *ex-nihilo* 32
   Hapax legomenon 34

Formações analógicas e decomposições sublexicais..........**37**

    Criações analógicas..............37

    Decomposição sublexical..............44

Mudanças na importância relativa
dos tipos de processos de formação de palavras..........**47**

    Sufixação..............48

    Prefixação..............49

    Composição..............52

    Composição neoclássica..............59

    Derivação regressiva e parassintética..............62

Os processos não concatenativos
de formação de palavras..........**67**

    Reduplicação..............69

    Hipocorização..............72

    Siglagem..............73

    Cruzamento vocabular..............74

    Truncamento..............79

Surgimento de novos formativos..........**85**

    Splinters não nativos (os xenoconstituintes)..............86

    Splinters nativos..............88

Recomposição..........**93**

Lexicalização de afixos..........**99**

Palavras finais..........**103**

Bibliografia..........**105**

O Autor..........**111**

Introdução

Este livro aborda os fenômenos envolvidos na formação de palavras no português do Brasil que se tornaram rotineiros nos últimos anos. Desse modo, mapeia, descreve e exemplifica as estratégias utilizadas na criação de novas palavras na variante brasileira, com vistas a tratar dos fenômenos de ampliação lexical que estejam sinalizando algum tipo de modificação na morfologia da língua.

Convém, em primeiro lugar, esclarecer o título. A expressão "atuais tendências na formação de palavras" não deve ser interpretada como inovações descritivas ou abordagens teóricas recentes para a formação de palavras, mas como orientações diferentes na criação e na utilização de palavras complexas no português brasileiro contemporâneo. Seguindo Szymanek (2005), consideramos tendências atuais, na esfera

Atuais tendências em formação de palavras

da inovação lexical, os usos e os mecanismos não apontados por gramáticas tradicionais ou manuais de morfologia do português publicados até a década de 1990.

Algumas das forças que moldaram a formação de palavras em português, nos últimos anos, são bastante salientes e, por isso mesmo, fáceis de identificar, pois tendem a refletir várias das inovações pelas quais vem passando a morfologia do inglês, em função de seu prestígio nos dias de hoje (Bauer, 2005; Danks, 2003; Fandrych, 2008). Tal é o caso das construções com os chamados xenoconstituintes – como *ciber-*, *-Tube* e *e-* –, amplamente utilizadas para cunhar novidades relacionadas à computação, à informática ou aos eventos que envolvem, de algum modo, a rede mundial de computadores. Outras, no entanto, são mais sutis, débeis ou obscuras para que sejam reconhecidas tendências generalizadas no atual estágio da língua, como as novas acepções de formativos e o emprego de operações não concatenativas. Como lembra Szymanek (2005: 430), "o alcance real e a importância dessas inovações só se tornarão evidentes com o benefício da retrospectiva".

Nos capítulos que se seguem, descrevemos fenômenos como a analogia, os diversos mecanismos não concatenativos, a emergência de afixos e/ou formas combinatórias e a utilização de novas operações morfológicas, situações que, para nós, sinalizam possíveis tendências na formação de palavras no português brasileiro contemporâneo. Nosso principal ponto de apoio, além das gramáticas tradicionais (Bechara, 1983; Cunha e Cintra, 1985; Rocha Lima, 1975) e dos manuais de morfologia (Monteiro, 1987; Sandmann, 1989; Carone, 1990; Alves,

Introdução

1990), é o trabalho pioneiro de Sandmann (1985), um importante estudo sobre produtidade e inovação lexicais realizado na década de 1980. Em sua grande maioria, nossos dados provêm de páginas publicadas na internet, que tem a vantagem de reunir tanto material impresso que reflete a escrita padrão – como sites de jornais e revistas de grande circulação nacional – quanto fontes escritas mais próximas da oralidade – como blogs, *chats* e postagens em redes sociais, dentre elas o *Orkut* (já extinto), o *Facebook*, o *Linkedin* e o *Twitter*. Com isso, podemos observar mais de perto as condições de produção por trás das novas formações lexicais.

Por que criamos palavras novas?

Você já observou que, de tempos em tempos, aparecem novas palavras, seja, por exemplo, na linguagem científica, cunhando uma nova tecnologia (como *nanofiltração*, 'processo de separação por micromembranas'), seja nas novelas (como *choquei*, termo usado pelo personagem Cássio em Caras & Bocas, 2009, para expressar surpresa)? Já se deu conta de expressões novas usadas em bordões (palavra ou frase repetida para ser engraçada ou emotiva, como *copiou?*, usado pela personagem de Walter Breda na novela América, 2005)? Já percebeu que, no nosso dia a dia, usamos formas novas para nos referirmos, de forma expressiva ou não, a pessoas ou coisas (como *roupitcha*, *corpitcho*)?

Criar palavras novas e modificar os significados das já existentes são tarefas tão rotineiras que muitas vezes não nos

Atuais tendências em formação de palavras

damos conta da sensação de novidade que nos despertam. Procurando responder à pergunta formulada no título deste capítulo, José de Alencar (1864: 19), jornalista, político, advogado, orador, crítico, cronista, polemista e importante romancista e dramaturgo brasileiro, assim se manifestou em relação ao assunto:

> Criar termos necessários para exprimir os inventos recentes, assimilar-se aqueles que, embora oriundos de línguas diversas, sejam indispensáveis, e sobretudo explorar as próprias fontes, veios preciosos onde talvez ficaram esquecidas muitas pedras finas, essa é a missão das línguas cultas e seu verdadeiro classicismo.

PRIMEIRA RESPOSTA: PARA NOMEAR NOVAS EXPERIÊNCIAS

A primeira resposta para a instigante pergunta do título deste capítulo é a seguinte: aparecem palavras novas quando novos fenômenos ocorrem ou quando surge um conceito diferente ou, ainda, um objeto é inventado. Assim, temos a necessidade de nomeá-los para nos referirmos a eles. Como muitas dessas novidades são nomeadas na língua em que surgiram, podemos, simplesmente, nos apropriar das palavras originais para expressar esses conceitos, não sem dar a elas, é claro, feição fonológica própria à nossa língua. Por exemplo, embora o fenômeno sempre tenha existido, nos dias de hoje vem recebendo atenção especial a violência física ou psicológica intencional praticada por indivíduo(s) numa relação assimétrica de poder: o *bullying*. O uso desse empréstimo se tornou tão natural que os falantes só percebem o estrangeirismo na língua escrita. O mesmo pode ser dito em relação a formas como *nerd* ('jovem com atividades intelectuais consideradas inadequadas para sua idade'), *blog* ('*site* que permite atualização rápida por meio de *posts*'), *botox* ('uso da toxina botulínica em cirurgias estéticas') e *flex* (originalmente, 'carro bicombustível'), entre tantas outras.

Para cunhar novas experiências, no entanto, não nos valemos apenas da importação de palavras, como pode parecer à primeira vista. Também somos bastante criativos. Podem ser considerados relativamente recentes ofícios como *chapeiro* ('aquele que trabalha na chapa, fazendo, por exemplo, hambúrgueres') e *cachorreiro* ('aquele que passeia com cachorros'), ambos criados a partir da adjunção do sufixo *-eiro* a formas vernaculares (nativas). Também é recente a contratação de pessoas para tomar conta de idosos, população cada vez maior nas sociedades modernas. A forma *cuidador*, totalmente vernácula, foi utilizada para nomear esse tipo de profissional.

Como observa Basilio (1987: 5), a criação de palavras é tão natural que quase sempre não nos damos conta de que várias delas "não estavam disponíveis para uso e foram formadas por nós mesmos, exatamente na hora em que a necessidade apareceu". Logo, a função primordial da criação lexical é fornecer "novos rótulos para novas categorizações, ou seja,

Atuais tendências em formação de palavras

efetuar novas denominações" (Basilio, 1987: 67). Na esteira de Basilio, chamemos essa habilidade da renovação lexical de **função de rotulação.**

SEGUNDA RESPOSTA:
PARA EXPRESSAR UMA IDEIA
NUMA CLASSE DE PALAVRAS DIFERENTE

Palavras novas também são criadas para adequar sintaticamente o conteúdo de outra. Dito de outra maneira, unidades lexicais podem ser cunhadas para efetuar uma mudança de classe, ao mesmo tempo em que veiculam informação nova. Bons exemplos são as formações de verbos a partir de termos recém-emprestados do inglês, seja na área de informática, em que são abundantes, ou de outras áreas. Exemplos do primeiro caso aparecem em (01), a seguir, alguns dos quais, em função da base etimológica que o inglês tem em comum com o português, nem soam empréstimos:

(01) deletar   clicar   donwloadar   sprayar
      zapear   emaiar   hackear   inicializar

Dois casos merecem um comentário especial: *sprayar* e *inicializar*. A mudança de classe vem, obviamente, acompanhada de mudança de significado. O português já apresenta o verbo *iniciar* e, portanto, a apropriação de *inicializar* em princípio não faria o menor sentido, pois não há lugar para a sinonímia nas línguas. No entanto, o termo remete à operação de ligar o computador, especializando-se para essa finalidade. *Sprayar* é um caso mais típico de uso de uma palavra na classe de outra, sempre tendo em vista a alteração semântica. Faz alusão ao ato de jogar *spray* em algo ou alguém, ou seja, de borrifar um jato gasoso ou líquido de uma substância contida em embalagens especificamente criadas para esse fim.

Casos mais evidentes de adequação de uma palavra ao contexto de outra são as nominalizações deverbais (oriundas de verbos), em que a função de rotulação é menos importante que a mudança de classe. A esse propósito, vejamos o seguinte exemplo:

(02) cartão hackeado, dinheiro roubado.

Em (02), a forma nominalizada *hackeado* é utilizada em referência à ideia de *hackear* expressa nominalmente, ou seja, como um atributo, um adjetivo. Nesse caso, todos os valores do verbo deixam de ser necessários: não é preciso indicar o tempo e o modo, além do sujeito e do objeto, o que faz com que esse uso também desempenhe importante papel em nível de texto/discurso, como veremos adiante.

Em resumo, chamamos esse processo da mudança de classe de **função de adequação categorial**. Grande parte dos sufixos do português é responsável por mudanças categoriais. Na Tabela 1, a seguir, são apresentadas, com exemplos, as alterações de classe efetuadas por alguns sufixos de nossa língua.

Tabela 1 – Alterações categoriais no âmbito da formação de palavras.

V → S	V → Adj	S → Adj	S, Adj → V	Adj → Adv	Adj → S
-ção; *-ada*	*-vel*; *-nte*	*-ense*; *-ar*	*-izar*; *-escer*	*-mente*	*-ice*; *-idade*
inibição; esticada	gerenciável; estafante	canadense; hospitalar	agilizar; florescer	felizmente; certamente	esquisitice; felicidade

Observe-se, na Tabela 1, que as classes envolvidas nas mudanças categoriais são apenas quatro: S (Substantivo), Adj (Adjetivo), V (Verbo) e Adv (Advérbio), sendo que esta última só aparece no lado direito da seta, pois advérbios são apenas produtos da formação de palavras, não servindo de base para novas construções (exceção feita às variações de grau, como *pertinho* e *cedíssimo*).

Duas questões podem ser levantadas quanto ao que chamamos de **função de adequação categorial**: processos que mudam classes são (i) desprovidos de **função de rotulação**? E (ii) são sempre relevantes no nível do texto?

Sem dúvida, os casos mais evidentes de **função de rotulação** são aqueles que não envolvem mudança de classe. Assim, é relativamente mais simples atribuir um significado para *-eiro*, totalmente desprovido de **função de adequação categorial**, do que para *-al*, que forma adjetivos a partir de substantivos (adjetivação denominal). De fato, como caracterizar, do ponto de vista semântico, formações como *dental*, *gravitacional* e *emergencial*? Parece que tais palavras são utilizadas mais para adequar a ideia contida na base a um contexto sintático do que para veicular um significado.

Afixos responsáveis por mudança de classe são, em geral, mais difíceis de precisar semanticamente. O significado de *eiro*, em palavras como *jardineiro* e *copeiro*, por exemplo, é bem mais específico que o de *al* (*emergencial*, *providencial*). No primeiro caso, nomeia-se alguém pela prática de uma atividade profissional que quase sempre não requer especialização ou educação formal. No segundo, ao contrário, qualifica-se algo ou alguém apenas com referência ao que se especifica na base. Em outras palavras, afixos com **função de alteração categorial** parecem ter significados mínimos, enquanto afixos que não mudam classe tendem a apresentar conteúdos mais abrangentes, veiculando maior quantidade de informação (têm maior densidade semântica).

De acordo com Basilio (1987: 69), "processos derivacionais sempre apresentam função semântica, mesmo quando sua função primordial é a sintática". De fato, a categoria sintática da palavra é parte inerente de sua representação semântica e, por isso, mudanças de classe são sempre relevantes para o significado da palavra. Se *-al* fosse inteiramente vazio de conteúdo, seria perfeitamente possível substituí-lo por um sintagma preposicional com função adjetiva. Essa substituição nem sempre é possível sem prejuízo do significado. Confrontem-se os seguintes pares de sentença, em que a primeira apresenta uma referência mais específica e a segunda, mais genérica.

(03) A atuação **da polícia** deve ser sempre supervisionada.
A atuação **policial** deve ser sempre supervisionada.

TERCEIRA RESPOSTA:
PARA FAZER O TEXTO PROGREDIR

Processos que alteram classes têm repercussão também no nível do texto. Em outras palavras, afixos que promovem alterações categoriais são frequentemente usados com finalidades discursivas e/ou textuais. Novas palavras complexas podem estar a serviço do texto, apresentando o que Basilio (1987) denomina de **função textual**. A **função textual** caracteriza-se, entre outros, pelos seguintes fatores: (i) possibilidade de ocultamento do sujeito, (ii) adequação a tipos de discurso, (iii) factividade e (iv) retomadas anafóricas e catafóricas.

Partindo do pressuposto de que todo processo de formação de palavras apresenta uma ou mais funções, que pode ser de natureza semântica, sintática ou discursiva, Rodrigues (1993) analisa o potencial de produtividade do sufixo -*vel* na formação de adjetivos e a natureza das funções envolvidas nesse processo. Reconhece dois diferentes processos de formação em -*vel*: um na base de substantivos (*reitorável, prefeitável, diretorável*) e outro na base de verbos (*discriminável, descritível, ativável*). O primeiro apresenta exclusivamente **função de rotulação** e o segundo apresenta função mista. O segundo uso de -*vel* é o que nos interessa no momento, pois a autora chama atenção para a importância da **função textual** desse processo. Vejamos dois exemplos dela e passemos, a seguir, à leitura de seus comentários sobre os dados (Rodrigues, 1993: 142-3):

Por que criamos palavras novas?

(04) A secretária do departamento pessoal é desejável.

(05) Título: Técnicos afirmam que poltronas do avião são recuperáveis.

> [...] podemos afirmar que a mudança de classe de verbo para adjetivo tem como uma das funções ocultar o sujeito da experiência ou ação expressas pelo verbo. Como se sabe, a determinação do número de argumentos de um verbo (ou de um adjetivo) e da categoria lexical desses argumentos é uma exigência sintática. Enquanto um adjetivo como desejável exige um só argumento (desejável (N)), o verbo desejar exigiria dois (desejar (N1, N2)). Então, se não tivéssemos um adjetivo em *-vel* ao invés do verbo, uma exigência de natureza sintática faria com que a sentença tivesse um outro argumento, um N que, no caso, teria a função de sujeito dessa experiência expressa pelo conteúdo verbal.

Portanto, para Rodrigues (1993: 143), ao formar adjetivos deverbais em *-vel*, o falante seria motivado, entre outros fatores, pelo ocultamento do sujeito da experiência ou da ação expressa pela base verbal, como em (04), que deixa em aberto quem sente desejo pela secretária. Em (05), por ser um título de manchete, há necessidade de adequação a esse tipo de enunciado, consequência de adaptação ao espaço limitado, típico das manchetes de jornais.

Passemos, agora, aos exemplos em (06) e (07), que contêm dois tipos de estruturas anafóricas envolvidos na nominalização deverbal:

(06) Os terroristas *destruíram* as torres gêmeas do World Trade Center. A *destruição* deixou marcas profundas no povo americano.

(07) O dia 11/09/01, um marco nesse início de novo milênio, não só feriu o sentimento do povo americano, mas também feriu o sentimento de todos os povos que lutam pela paz. Por outro lado, a *destruição* provocou uma nova reflexão quanto ao papel da política americana.

A progressão temática de (06) é linear porque o rema da sentença anterior é retomado como tema da sentença seguinte. O processo se dá a partir do mecanismo denominado **coesão referencial** (Koch, 1990), que consiste na articulação remissiva entre itens na superfície textual. O mecanismo presente no exemplo (06) é a anáfora superficial, representado por um nome deverbal que eleva parte da informação precedente à condição de forma remissiva.

Em (07), a progressão temática também é linear porque o rema do enunciado precedente é retomado posteriormente como tema do período seguinte. Entretanto, não há correlação morfológica entre a expressão predicativa e a nominalização, como no exemplo (06). A remissão se dá a partir de inferências, ou seja, informações contidas no período que imediatamente precede a forma nominalizada (cotexto). De qualquer modo, a nominalização constitui importante estratégia de retomada, apresentando a chamada **função textual**.

Resumindo, afixos que mudam classe mostram-se relevantes também no nível do texto, uma vez que podem ser utilizados como elementos de coesão ou estratégias de impessoa-lização. Dessa maneira, processos com **função de alteração categorial** frequentemente apresentam o que Basilio (1987) chama de **função textual**.

QUARTA RESPOSTA:
PARA EXPRESSAR PONTO DE VISTA

Há outra importante motivação para a criação de novas palavras, tão ou mais importante que a própria rotulação. Mui-tas vezes, o emissor pode externar seu ponto de vista através do uso de determinadas marcas morfológicas, o que justifica afirmar que o significado dos afixos pode se alterar pragmati-camente (em função do contexto ou da interação linguística). Novas palavras complexas podem veicular juízos de valor e sinalizar impressões subjetivas do falante, revelando "o im-pacto pragmático do emissor em relação ao enunciado, ao re-ferente ou ao interlocutor" (Gonçalves, 2005a: 50). De acordo com Gonçalves (2011a: 34), o locutor pode, a partir de novas formações, "imprimir sua marca ao enunciado, inscrevendo--se, explícita ou implicitamente, na mensagem". Para exem-plificar essa função, que podemos chamar de **atitudinal**, fale-mos das recentíssimas palavras *pixuleco* e *moch*.

Pixuleco foi o termo cunhado pelo ex-tesoureiro do PT, João Vaccari Neto, em referência à propina recolhida das empresas com as quais a Petrobras tinha contrato. Embora a palavra possa, à primeira vista, parecer esquisita e inusitada, é muito bem formada na língua, uma vez que faz uso de um sufixo bastante produtivo, *eco*, usado quase sempre com sentido pejorativo: *timeco, livreco, padreco*. A pejoratividade do sufixo provém do seu sentido primeiro de 'pequeno', mas a pequenez, nesse caso, está longe de ser física e envolver tamanho: expressa um juízo de valor em relação ao objeto referido (*designatum*).

No caso de *pixuleco*, *-eco* se adjunge a uma palavra pouco conhecida na língua, por ser de uso bastante restrito, daí, talvez, o estranhamento. *Pixuleco* vem de *pixulé*. Mas o que vem a ser *pixulé*? Essa palavra não encontra registro nos dicionários mais renomados, como o Aurélio e o Houaiss, talvez pelo fato de ser um *argot* (uma variante diastrática) – forma de linguagem usada por um grupo de pessoas que partilham características comuns, como profissão, procedência ou mesmo identificação ideológica. Muitas vezes, os *argots* se convertem em instrumentos para evitar que as mensagens sejam entendidas por indivíduos estranhos ao grupo. Isso acontece, por exemplo, na fala de meliantes e traficantes, em que o segredo é a "alma do negócio".

Na gíria da malandragem, *pixulé* designa 'dinheiro miúdo, de pouca monta'. No *Dicionário Informal*, dicionário constantemente atualizado pelos próprios usuários, os internautas, *pixulé* é definido como "um dinheirinho para agradar; pequena quantidade de dinheiro; gratificação ou gorjeta". *Pixulé* é, portanto, sinônimo de dinheiro, mas dinheiro em geral ilícito. Logo, quem cunhou a palavra sabia bem o que estava querendo expressar. Longe de ser um tautologismo – já que *pixulé* é 'pouco dinheiro' e *-eco* diminui, o que, portanto, levaria a uma redundância, pois tornaria menor o que já é pequeno –, a palavra é irônica, pois, nos processos da Lava Jato,[1] *pixuleco* está longe de designar pouco dinheiro.

Segundo Ricardo Pessoa, sempre que sua empresa, a UTC Engenharia S.A., fechava negócio com a Petrobras, Vaccari aparecia em seguida para buscar seu *pixuleco*, 1% sobre o valor do contrato. Na perspectiva do criador do termo, 1% por contrato é realmente uma quantia ínfima frente ao investimento de milhões de reais, não passando mesmo de um pequeno agrado, uma gorjetinha, como o termo sugere. A palavra é, portanto, muito bem-formada e revela o ponto de vista do seu criador sobre o *designatum*: para ele, o dinheiro é pouco; é só "um agradinho". Segundo os autos da Polícia Federal, o *pixuleco* era sempre levado em uma mochila preta, chamada por ele de *moch*. Utilizando o processo de truncamento (redução vocabular com finalidades expressivas), o nomeador conseguiu realçar ainda mais a pequenez da soma angariada: para ele, o *pixuleco* era tão pequeno que cabia numa "mochilinha" (*moch*). Como se vê, o que está em jogo é a atitude subjetiva do emissor em relação ao *designatum*, o que revela a força da **função atitudinal**.

Portanto, podemos pensar pelo menos em quatro funções fundamentais para a formação de palavras: (i) a **função de rotulação**, "que corresponde, naturalmente, a necessidades semânticas" (Basilio, 1987: 66); (ii) a **função de alteração categorial**, que responde por necessidades de mudança de classe; (iii) a **função textual**, relacionada aos processos de mudança de classe com relevância também em nível de texto; e (iv) a **função atitudinal**, pela qual se externalizam as atitudes e crenças do emissor e a necessidade que se tem de expressar ponto de vista, seja uma impressão positiva (como em *corpitcho*, 'corpo atraente, escultural') ou negativa (*timeco*, 'time ruim, de atuação pífia').

A função atitudinal tem um alcance ainda maior: pode envolver a manifestação de carinho, ternura, amor, simpatia/ empatia, não somente em relação a pessoas – como é o caso da formação de hipocorísticos (*Alê*, para *Alexandre*; *Dé*, para *André*) e das modificações expressivas (*mamis*, para *mamãe*, e *papis*, *papai*) –, mas também em relação a outros seres animados (*leãozito*, para *leão*); pode ser a expressão de compaixão (*tadinho*) ou atenuar condições miseráveis, deficiências e males (*aleijadinho*). Por outro lado, pode envolver a manifestação de desprezo (*livreco*, *velhote*), a designação de coisas de pouco valor ou de pouca importância (*namorico*) ou formas de tratamento depreciativo (*gentalha*, *alcoviteiro*). Em resumo, essa função revela tudo o que passa pelo crivo do emissor, por isso o termo **atitudinal**.

QUINTA RESPOSTA: PARA SE IDENTIFICAR COM UM GRUPO

Podemos, ainda, propor uma última função para as palavras complexas: a **função indexical**. De acordo com Gonçalves (2005a: 87), é analisada como indexical "a capacidade de uma forma veicular informações relevantes acerca de estilos vocais específicos". Ressalta Gonçalves (2011a: 64) que

Por que criamos palavras novas?

> [...] determinadas estratégias podem funcionar como uma espécie de "sistema de sinalização", revelando o perfil sociolinguístico do usuário. No âmbito da morfologia, a (não) escolha da expressão afixal pode ser interpretada como vestígio de um sinal codificado sócio-culturalmente.

Analisemos um caso bem interessante: os sufixos superlativos do português. A intensificação é uma categoria semântico-pragmática que pode materializar-se de várias formas: por meio de estruturas sintáticas estereotipadas (08), expressões exclamativas (09), palavras de conteúdo lexical (10), advérbios (11), formações X-*mente* (12), prefixos (13), sufixos (14), símiles (15), repetição enfática (16), silabificação (17), alongamento da sílaba tônica (18).

(08) É podre de rico; É linda de morrer.

(09) Que aula!; Que doce!

(10) É um baita professor; Dá uma puta aula.

(11) É inteligente pacas; É esperto demais.

(12) É extremamente inteligente; É surpreendentemente bonita.

(13) É megainteressante; É arquicompetente.

(14) É inteligentíssima; É chiquérrima; É lindésima.

(15) É forte como um touro; É gorda como uma baleia.

(16) É pobre, pobre, pobre; É linda, linda, linda.

(17) É es-pe-ta-cu-lar!; É ma-ra-vi-lho-sa!

(18) Fulano coooome!; Era ôoooonibus que não acabava mais.

Gonçalves (2003) observou que a intensificação sufixal (isto é, a que se manifesta pelos sufixos *-íssimo*, *-érrimo* e *-ésimo*) tende a apresentar reforço prosódico e, paralelamente à exteriorização de atitudes subjetivas (**função atitudinal**), também pode servir como meio de sinalização do falante (ou de grupos de falantes), apresentando a chamada **função indexical**. O depoimento de Gonçalves (2011a: 65) é bastante esclarecedor em relação a esse assunto:

> [...] homens tendem a optar por estratégias sintáticas de intensificação (*muito forte*, *forte pacas*) ou por prefixos intensivos (*superforte*), evitando o uso de *-íssimo*, *-ésimo* e *-érrimo* por perceber neles forte associação com a fala feminina. Dessa maneira, haveria nos sufixos intensivos indício de vinculação com o falar feminino, de uma forma geral, e com o falar "gay", mais restritivamente. Assim, a fim de não adquirir características que os aproximem por demais do feminino, a ponto de revelar indícios de bases femininas ou homossexuais, homens tendem a evitar a intensificação sufixal, optando por formas mais neutras – ou menos "comprometedoras" – como as estratégias sintáticas e a intensificação prefixal.

De base sociolinguística, a **função indexical** não constitui propriedade exclusiva dos processos morfológicos, dependendo, também, da prosódica que tais construções requerem. Formas como *chiquérrimo* e *cansadésima* apresentam reforço acentual, tornando as tônicas, que já possuem uma vogal aberta, [ɛ], ainda mais proeminentes. Além disso, essas palavras são naturalmente marcadas por serem proparoxítonas; suas sílabas iniciais são alongadas e emitidas com mais intensidade, o que torna essas formações bastante especiais do ponto de vista prosódico, vindo daí, talvez, sua vinculação com o feminino.

Outros processos de formação de palavras também apresentam **função indexical**:

a. construções X-*aço*, como *golaço*, *cansadaço* e *afinzaço*, parecem estar mais associadas à fala masculina;
b. truncamentos, como *churras* (por *churrasco*), *profissa* (por *profissional*) e *gurja* (por *gorjeta*), parecem estar vinculados às faixas etárias mais jovens (Alves, 2002);
c. alguns usos do diminutivo são mais frequentes na fala infantil e na fala feminina, sendo pouco comuns na fala de homens (*beicinho*, *soninho*, *cansadinho*).

Enfim, processos derivacionais podem nos remeter a um grupo de falantes, fornecendo indícios de seu perfil sociolinguístico. Na Tabela 2, a seguir, resumem-se as principais funções da formação de novas palavras:

Atuais tendências em formação de palavras

Tabela 2 – Funções no âmbito da formação de palavras.

	Função de rotulação	Função de alteração categorial	Função textual	Função atitudinal	Função indexical
Objetivo	Criação de novos significados	Mudança de classe	Relevância em nível de texto	Expressão de ponto de vista	Veiculação de traços sociolinguísticos
Usos	Empréstimos de outras línguas; uso de esquemas morfológicos típicos da língua	Processos que efetuam qualquer tipo de alteração categorial	Retomadas anafóricas ou catafóricas; estratégias de impessoalização	Formações vinculadas ao grau; formações avaliativas (meliorativas ou pejorativas)	Formações em que é possível detectar características do falante, como idade e sexo

No capítulo seguinte, "Neologismos derivacionais, formações *ex-nihilo* e *hapax legomenon*", abordamos, de um lado, os neologismos mais gerais e previsíveis, de outro, as criações mais esporádicas e isoladas.

NOTA

[1] De acordo com Gonçalves (2015: 83), "A chamada operação Lava-Jato é considerada pela Policia Federal (PF) como a maior investigação de corrupção da história do país e envolve a Petrobras, grandes empreiteiras e políticos influentes. Do ponto de vista linguístico, podemos indagar por que essa operação foi cunhada através de uma expressão já existente na língua. O próprio composto a partir do qual a operação foi nomeada cristalizou-se a partir da expressão 'lava a jato', com a crase dos dois /a/ adjacentes. 'A jato' é uma locução adverbial que remete a algo feito com grande rapidez. Desse modo, um 'lava a jato' é um local em que se lava um veículo utilizando um objeto que provoca a rápida saída de grande quantidade de água ou produto químico".

Neologismos derivacionais, formações *ex-nihilo* e *hapax legomenon*

Como estamos interessados em descrever fenômenos, em princípio, inovadores na morfologia do português, são menos interessantes, mas igualmente dignos de nota, (i) os neologismos derivacionais, (ii) as formações imotivadas e (iii) as formas com única ocorrência na língua. Comecemos com os neologismos derivacionais.

NEOLOGISMOS DERIVACIONAIS

A emergência de palavras complexas cunhadas de acordo com padrões produtivos corresponde aos chamados neologismos derivacionais (Szymanek, 2005). Exemplos desse expediente são as recentes formações em *-eiro* de (19), instanciações do esquema abstrato em (20), a seguir, responsável principalmente pela nomeação de agentes:

(19) blogueiro 'que escreve em blogs'
chapeiro 'que trabalha na chapa de fazer hambúrgueres'
dogueiro 'que comercializa/faz cachorro-quente'
(20) $[[X]_{S_i} \text{eiro}]_{S_j} \leftrightarrow$ [AGENTE em relação à SEM de $[X]_i]_j$

No esquema em (20), a base (representada pela variável [X]) e o produto (a formação X-*eiro*) são indexados pelo símbolo$_S$, que representa a classe dos substantivos. Os subscritos $_i$ e $_j$ indicam que tanto a base quanto o produto fazem parte do léxico. O símbolo $\leftrightarrow$ faz referência ao pareamento forma/significado e SEM remete ao significado da base ou do produto. Esse esquema representa a habilidade que o falante tem de interpretar as palavras X-*eiro* existentes e criar outras a partir das que já conhece. Como dominamos esse esquema, formamos as palavras em (19) e podemos nos valer dele para criar outras tantas.

Analisemos outro exemplo. É comum a utilização do nome próprio *Maria* na formação de compostos em português: *maria-mole* (um doce), *maria-sem-vergonha* (uma flor), *banho-maria* (um tipo de cozimento) e *ave-maria* (uma prece), entre outros. Como se vê, esse nome próprio pode figurar tanto na primeira (*maria-mole*) quanto na segunda posição (*banho-maria*). Há, no entanto, um padrão de formação de compostos em que esse antropônimo é metonímia de mulher (ou seja, é um nome genérico utilizado em referência a indivíduos do sexo feminino). Nesse caso, *maria* sempre aparece na primeira posição e o produto nomeia uma mulher com interesse em alguém evocado pela base à direita, sempre um substantivo:

(21) maria-gasolina   'interessada em homens com carros'
      maria-chuteira   'interessada em jogadores de futebol'
      maria-medalha   'interessada em esportistas que
                        ganham medalha'

Com base nas palavras em (21) e em outras tantas com o mesmo significado (como mostrado no capítulo "Mudanças na importância relativa dos tipos de processos de formação de palavras"), podemos representar a habilidade do falante para analisar as formas *maria*-X existentes e para cunhar outras novas através do esquema a seguir, em que *maria* é a parte fixa e o substantivo à direita, a parte variável:

(22) $[[maria]_{S\,i}[X]]_{S\,j} \leftrightarrow$ [Mulher interessada em alguém relacionado à SEM de$_i$]$_j$

O esquema em (22) licenciou a recente formação *maria-tatame*, que nomeia mulheres com interesse em lutadores de MMA ("Mixed Martial Arts"), um esporte que vem ganhando destaque nos últimos anos. Nesse exemplo, a referência ao esporte é feita pelo local em que a disputa acontece: o tatame. Também é recente a formação *maria-combo*, que, "nas *nights* cariocas", seja em bares ou em boates, faz referência a jovens que namoram em troca de combinados (combos) de bebidas alcoólicas.

FORMAÇÕES *EX-NIHILO*

Ex-nihilo é uma expressão latina que significa "do nada". Em morfologia, faz referência a termos cunhados sem ativação de processos linguísticos, as chamadas criações de raiz. Formações *ex-nihilo* são raras, pois é extremamente difícil cunhar algo sem qualquer tipo de motivação, seja ela morfológica (algum processo regular) ou semântica (extensões metafóricas ou metonímicas). Exemplos desse tipo de criação podem ser os adjetivos depreciativos *baranga*, *mocreia* e *catilanga*, utilizados em referência a mulheres desprovidas de atributos físicos, como na seguinte postagem acerca do *funk* "Melô da mulher feia", de *DJ Marlboro*:

(23) Como era de se esperar do autor, excelente o texto. Que venham as **barangas**, **mocreias**, **catilangas** e etc.

> (Disponível em: <http://vintemotivos.blogspot.com/2008/01/baranga.html>. Acesso em: 11 dez. 2015.) (grifo nosso)

Podemos questionar se as formações em (23) são, de fato, imotivadas e surgem "do nada". Em primeiro lugar, todas apresentam a vogal final *a* e fazem referência a seres do sexo feminino, o que descarta, de imediato, a total arbitrariedade das construções (não soariam estranhos os possíveis masculinos *barango*, *mocreio* e *catilango*). Em segundo lugar, não parece obra do acaso que duas dessas novas formas apresentem a terminação -*anga*. Pode ser que uma seja espelho da outra e hoje não consigamos mais ver a motivação que levou à criação da primeira, talvez fruto de um cruzamento vocabular (como explicado no capítulo "Os processos não concatenativos de formação de palavras") ou de uma analogia (evidenciado no capítulo "Formações analógicas e decomposições sublexicais").

A palavra *mocreia* exemplifica bem a relatividade das ditas formações *ex-nihilo*. Podemos, em princípio, pensar numa analogia com *moreia*, um peixe realmente estranho, por ter dentes afiados e formato de cobra. A motivação, no entanto, não foi essa. *Mocreia* vem da expressão *mó* (redução de *maior*) e *Creia* (nome de uma mulher, na verdade *Cleia*, considerada símbolo de feiura na comunidade de quem cunhou o adjetivo). Através da metonímia, *Creia* passa a ser sinônimo de mulher feia e qualquer pessoa desprovida de dotes de beleza passa a ser chamada de *mó Creia* ('feia ao extremo' = 'maior Creia'), culminando na aglutinação *mocreia*.[1]

Como se vê, há sempre motivação para a formação de novas palavras. O que parece ser criação do nada (obra do acaso) pode apresentar uma explicação linguística que muitas vezes desconhecemos, como é o caso de *mocreia*. Na verdade, raízes novas são oriundas de empréstimos ou de acrônimos (como mostramos no capítulo "Os processos não concatenativos de formação de palavras"), o que nos faz questionar se realmente existem formações *ex-nihilo*.

HAPAX LEGOMENON

Neologismos derivacionais e criações *ex-nihilo* diferem do chamado *hapax legomenon* (*hapax*, 'uma só vez', *legomenon*, 'dito', 'o que se diz'), expressão grega utilizada em referência a palavras das quais se conhece uma única referência. A noção de *hapax legomenon* vem ganhando destaque em estudos sobre produtividade morfológica, pois "o número de *hapaces* de um dado processo de formação de palavras pode ser visto como indicador de produtividade" (Bauer, 2001: 115). Como mostra Szymanek (2005: 430-31), todos os casos de *hapax legomenon* "são genuínos neologismos (alguns são simplesmente velhos ou mesmo palavras obsoletas, usadas apenas uma vez e depois esquecidas)".

Excelente fonte para o estudo dos *hapaces legomena* é a linguagem literária, na qual se utilizam, por questões estilísticas, inúmeras construções morfologicamente complexas empregadas uma única vez, a exemplo de *chuvadeira*, *chuvinhenta* e *chuvil*, que constam do poema *Caso pluvioso*, de Carlos Drummond de Andrade:

(24) Chuvadeira maria, chuvadonha,
chuvinhenta, chuvil, pluvimedonha!

Em palavras complexas, muitas vezes encontramos construções isoladas com bases que não correspondem a palavras. Tais bases são *hapaces*, uma vez que aparecem em apenas uma ou, no máximo, duas palavras. Em ambas as situações, a analisabilidade (reconhecimento da estruturação morfológica) é possível graças à alta transparência semântica do sufixo (primeira coluna) ou à existência de padrões derivacionais gerais (segunda coluna), como o que caracteriza as formações X-*aria* e X-*eiro*.

(25) manada   marcen*aria* / marcen*eiro*
      bursite   serralh*eria* / serralh*eiro*
      mercenário   pad*aria* / pad*eiro*
      moroso   artilh*aria* / artilh*eiro*

São também *hapaces* os vários elementos que ocorrem na posição de sufixo em palavras únicas, isoladas. Os exemplos em (26) mostram que as bases são altamente transparentes, embora os elementos que a ela se adjungem não sejam recorrentes, não se comportando, desse modo, como os "verdadeiros" sufixos de uma língua – elementos que constam de conjuntos mais completos de palavras – por serem recorrentes.

(26) casebre – carniça – corpanzil – copázio – marujo – ferrolho

Por exemplo, nenhuma outra palavra complexa da língua apresenta a forma -*ebre* com o mesmo significado que, em princípio, teria em *casebre*. Talvez estejamos diante de uma palavra que tenha se originado de um processo de formação, como o cruzamento vocabular (detalhado no capítulo "Os processos não concatenativos de formação de palavras"),

Atuais tendências em formação de palavras

mas a motivação não é mais aparente. A sequência não recorrente *-ebre* é, portanto, uma *hapax legomenon*, do mesmo modo que *-anzil* e *-ázio*, entre outras de (26). Um estudo etimológico acurado, com a observação da história da palavra e do *designatum*, pode explicar a presença de tais partículas.

No capítulo "Formações analógicas e decomposições sublexicais", a seguir, veremos que *hapaces* podem ser provenientes de casos de analogia.

NOTA

[1] A etimologia aqui esboçada foi proposta com base em entrevistas feitas com vários MCs cariocas, que, por questões de ética, preferimos não identificar. De qualquer modo, assumimos como apenas especulativa a origem do termo.

Formações analógicas
e decomposições sublexicais

Além da produtividade de determinado esquema de formação, uma palavra complexa é muitas vezes criada por espelhamento em outra. Tal é o caso das formações analógicas, definidas por Bauer (1983: 96) como construções morfológicas "claramente modeladas por uma palavra complexa já existente, não dando origem a uma série produtiva". As decomposições sublexicais, por sua vez, também envolvem espelhamento, mas pressupõem análise (desmembramento das partes), em vez de síntese.

CRIAÇÕES ANALÓGICAS

Formações analógicas podem espelhar-se em compostos ou derivados. Exemplo do primeiro tipo é *lista branca*, antônimo logicamente cunhado a partir de *lista negra*,

> relação de alguma entidade ou pessoa física que nega algum privilégio, serviço, participação ou mobilidade a alguém ou a alguma entidade em determinada situação, período de tempo ou lugar." (Disponível em: <http://PT.wikipedia.org/wiki/Lista_negra>. Acesso em: 11 dez. 2015).

Exemplos do segundo tipo são *lerdox*, inspirado em *velox*, nome de um provedor de banda larga, e *lentium*, adjetivo modelado a partir de *pentium*, nome comercial de processador de computador.

Muitas formações analógicas são casos de *hapax legomenon*, como *enxadachim*, de Guimarães Rosa, cunhada com base em *espadachim* (Basilio, 1997), e *bucetante*, de Agamenon Mendes Pedreira (jornal *O Globo*), inspirada em *picante* (Assunção e Gonçalves, 2009), sendo totalmente efêmeras. Outras, no entanto, ganham força lexical e são bastante usuais nos dias de hoje, como *bebemorar*, *trêbado* e *monocelha*, que remetem, nessa ordem, a *comemorar*, *bêbado* e *sobrancelha*. As definições a seguir são encontradas em dicionários on--line, alguns de bastante renome (como o Aulete):

be.be.mo.rar Bras.
v. 1. Comemorar com bebidas alcoólicas. [td.: "Bebemorar uma vitória, afogar as mágoas, encontrar amigos..." (*O Globo*, 06.03.2005)] [int.: *Sexta-feira é dia de bebemorar*]
[F.: *beber* + *(come)morar*, por analogia.]
(Disponível em: <http://auleteuol.w20.com.br/nossoaulete/bebemorar>. Acesso em: 11 dez. 2015)

> **monocelha:**
> Aquele que tem as sobrancelhas emendadas. Pessoas normais têm sobrancelhas que são divididas ao meio; monocelha vem de mono, "uma só", o popular João Pestana.
> (Disponível em: <http://www.dicionarioinformal.com.br/monocelha>. Acesso em 11 dez. 2015)
>
> **trê.ba.do** Bras.
> Adjetivo masculino
> 1. muito embriagado
> (Disponível em: <http://www.nossalinguaportuguesa.com.br/dicionario/tr%eabado>. Acesso em: 11 dez. 2015.)

O caso de *trêbado* é particularmente interessante, pois há outras analogias envolvendo a substituição da sequência que remete ao prefixo *bi-*, que significada 'duas vezes', por *tri-*, 'três vezes': *tricha* ('rapaz excessivamente efeminado') e *treagle* ('beagle gigante').

A intensificação promovida pela reanálise pode ser elevada ao grau máximo. Tal é o caso da substituição da consoante inicial da base por <z>, como em *zilionário* (< *milionário, bilionário*), *zilhão* (< *milhão*) e *zêbado'* (< *bêbado*). Nesses casos, o falante põe em perspectiva o alfabeto como uma escala de gradação e substitui a primeira letra da palavra-fonte pela última do alfabeto, indicando que o conceito expresso deve ser maximamente intensificado.

A analogia pode envolver expressões estrangeiras (recém-introduzidas na língua ou não) e quase sempre tem na **função atidutinal** (explicada no capítulo "Por que criamos palavras novas?") sua principal motivação. É o que se observa nos exemplos a seguir: tais formas veiculam o ponto de vista do emissor sobre o *designatum* e, por serem humorísticas, certamente provocam riso.

> **fod truck**. Fuja da crise tenha seu próprio negócio! Motel por cincão???
> To dentro, mesmo que seja numa Kombi velha!!!!!
>
> (Disponível em: <www.aindatorindo.com/2015/10/fuja-da-ccrise-tenha-seu-proprio.html>. Acesso em: dez. 2015.)
>
> **cereal killer**. Assim como ocorre com os conhecidos "s.e.r.i.a.l killer" (Ted Bundy, o Maníaco do Parque), cujos crimes são descobertos tarde demais, só saberemos dos seus malefícios quando for descoberto que muita gente morreu tendo em comum o consumo desses transgênicos e os resultados "estatísticos", acumulados por décadas e décadas, atestarem sua ação deletéria.
>
> (Disponível em: <https://br.answers.yahoo.com/question/index?qid=20100512074009AA98TtI>. Acesso em: 11 dez 2015.)
>
> **deja-fu**: aquela sensação de que você já se f. com isso antes.
>
> (Disponível em: <https://pt-br.facebook.com/diariodeumromeu/posts/574395855983930>. Acesso em: 11 dez 2015.)

A primeira se espelha em *food truck* ('espaço móvel, geralmente um caminhão, que transporta e vende comidas') e usa uma kombi velha para funcionar como motel, explorando, conscientemente ou não, a polissemia do verbo *comer*; a segunda, inspirada em *serial killer* ('matador em série') é uma crítica a guloseimas poucos saudáveis, que, se consumidas em excesso, podem matar; a terceira, por fim, moldada a partir da expressão francesa *deja-vu* ('sensação de viver coisas conhecidas'), faz uso da abreviação de um palavrão em referência a situações desagradáveis sentidas ou vivenciadas.

Plag (1999: 20) afirma que "formações analógicas devem ser distinguidas de instanciações de regras produtivas". No entanto, uma formação analógica isolada pode dar origem a um novo afixo e, em decorrência, a um esquema produtivo. Desse modo, como argumenta Szymanek (2005: 431), "não parece possível ou apropriado dissociar completamente ambos os conceitos, ou seja, analogia e (alta) produtividade". Evidências de que a analogia pode explicar a criação de afixos (ou a reativação de afixos preexistentes de baixa produtividade) em várias línguas são apresentadas em Joseph (1998), Bauer (2005) e Booij (2005). Em português, um caso particularmente interessante é *aguaréu*, sem dúvida alguma modelada a partir de *fogaréu*, 'fogo muito alto':

(27) Quando o **aguaréu** não deu mais chances e todos os transeuntes sumiram, a fim de se salvarem, tudo ficou ainda mais fácil para o cachorro.

> (Disponível em: < http://www.cronopios.com.br/content.php?artigo=10895& portal=cronopios >. Acesso em: 15 dez. 2015) (grifo nosso)

A sequência *-aréu*, de *fogaréu*, parece estar se expandindo para outras palavras, ganhando estatuto de forma recorrente e assim adquirindo feição de sufixo. Além de *aguaréu*, menos consagrada pelo uso, também consta de *mundaréu* e *povaréu*, ambas com o significado de 'excesso de pessoas'.

Caso emblemático de analogia reativando afixos de baixa produtividade é o do sufixo *-ete*, em dados como *paniquete* ('dançarina do programa *Pânico na TV*') e *ronaldete* ('admiradora fanática do ex-jogador Ronaldo Fenômeno'). Abordamos aqui o sufixo com vogal média aberta, ['ɛ.tʃɪ], que difere do homógrafo ['e.tʃɪ], com vogal fechada, encontrado em palavras como *bracelete* e *banquete*.

Formas mais antigas em *-ete* datam do final do século XIX (Cunha, 1975) e são interpretadas como diminutivas pela maior parte dos autores (cf., p. ex., Coutinho, 1973; Bechara, 1983; Cunha e Cintra, 1985). Nos dicionários, analisa-se tal sufixo como formador de substantivos femininos. Nenhuma dessas obras, no entanto, distingue ['ɛ.tʃɪ] de ['e.tʃɪ].

O primeiro registro de -*ete* consta do séc. XVI: a palavra *canivete* (Bueno, 1988). De acordo com o Houaiss eletrônico (2007), formas terminadas em -*ete* (['ɛ.tʃɪ]) entraram na língua sobretudo no séc. XIX, por meio de empréstimos de outras línguas: são galicismos, como *tablete* (1924) e *garçonete* (1975), anglicismos, como *basquete* (1923) e *chiclete* (1933), e italianismos, como *confete* (1910) e *espaguete* (1903). Para o dicionarista, -*ete* também é empregado "com sentido de exotismo" em palavras como *vedete* (1920) e *tiete* (1960). Não há nenhuma menção ao sufixo em manuais de morfologia do português, nem mesmo em Sandmann (1985), o que pode sinalizar a possível improdutividade desse formativo. Observe-se que os exemplos – à exceção de *garçonete* – não são analisáveis, ou seja, não apresentam transparência suficiente que autorize o reconhecimento de estrutura e, consequentemente, a segmentação.

Como explicar os recentes usos de -*ete* se o sufixo não é vernáculo e a grande maioria das formações mais antigas é totalmente opaca em termos de estruturação morfológica? Como justificar as acepções 'dançarina do programa (de) X' e 'admiradora fanática de X', se as formações mais antigas não remetem a esses significados?

Ao que tudo indica, o gatilho para a criação de formas como *hagazete* ('dançarina do *Programa H*') é *chacrete*, nome dado às bailarinas que atuavam no programa do animador de televisão Abelardo Barbosa, o Chacrinha (1918-1988): "E nos espelhos ela se despe, / Dança nos olhos uma **chacrete** / E o pessoal na pior: Repete!" (Ivan Lins, *Dinorah*, grifo nosso). Esse nome, no entanto, parece ter sido espelhado em *vedete*, termo usado em referência às atrizes que, no teatro de revista, "sobressaíam durante as apresentações e que se constituíam, muitas vezes, no grande atrativo destas" (Disponível em: <https://PT.wikipedia.org/wiki/Vedete>. Acesso em: 11 dez. 2015.) ou que "apresentavam espetáculo teatral composto de números falados, musicais, coreográficos e humorismo, exibindo a beleza do corpo com pouca roupa de forma exuberante" (Disponível em: <www.dicionarioinformal.com.br/vedete>. Acesso em: 11 dez. 2015.).

A forma *tiete*, de acordo com o Houaiss eletrônico (2007), surgiu no final da década de 1970 para designar as admiradoras (fãs) do cantor Ney Matogrosso e mais tarde tornou-se sinônimo de admirador fanático de qualquer artista, celebridade ou personalidade importante de determinada área. Apesar de monomorfêmica para a maior parte dos falantes, *tiete* parece ter desencadeado a produção de palavras como *neymarzete* ('fã do jogador Neymar') e *luanzete* ('admiradora do cantor Luan Santana'), já que significa "admirador ou admiradora fanática de alguém, especialmente um artista, desportista ou político; pessoa que tem grande afeição ou demonstra grande interesse por (alguém ou algo)" (Disponível em: <www.dicionarioinformal.com.br/tiete>. Acesso em: 11 dez. 2015.). Na ilustração a seguir, representa-se o possível caminho para as formações agora instanciadas pelo esquema $[[x]_{s_i}ete]_{s_j}$.

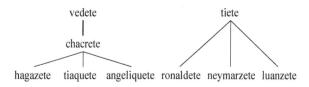

Como se vê, formações analógicas podem estar na base de novos usos para afixos antes improdutivos e, nesse sentido, não podem ser inteiramente dissociadas das instanciações por padrões produtivos. Mais adiante, no capítulo "Surgimento de novos formativos", comentamos, com mais detalhamento, o papel da analogia na criação de *splinters*, partículas recorrentes oriundas de processos não concatenativos (como mostrado no capítulo "Os processos não concatenativos de formação de palavras"). Antes, porém, vale a pena mencionar outra situação de analogia encontrada em português.

DECOMPOSIÇÃO SUBLEXICAL

Um tipo de analogia envolvendo a estruturação interna de palavras pode ser chamada de decomposição sublexical (Gonçalves, Andrade e Almeida, 2010), na qual, por questões expressivas e com base unicamente na forma, reconhecem-se duas ou mais unidades lexicais em itens não necessariamente complexos, como se vê nos exemplos em (28), do Dicionário Português-Purtuguês, disponível no seguinte endereço: <http://www.mail-archive.com/piadas.news@grupos.com.br/ msg00468.html>, acesso em: 11 dez. 2015.

(28) pressupor - colocar preço em alguma coisa.

homossexual - sabão em pó para lavar as partes íntimas.

barracão - proíbe a entrada de caninos.

detergente - ato de prender seres humanos.

entreguei - estar cercado de homossexuais.

barganhar - receber um botequim de herança.

halogênio - forma de cumprimentar pessoas muito inteligentes.

contribuir - ir para algum lugar com vários índios.

aspirado - carta de baralho completamente maluca.

cerveja - é o sonho de toda revista.

caçador - indivíduo que procura sentir dor.

volátil - avisar ao tio que você vai lá.

assaltante - um "a" que salta.

pornográfico - o mesmo que colocar no desenho.

Constam do mesmo "dicionário" itens lexicais em que uma de suas partes remete, por questões estritamente fonológicas, a um radical ou um afixo. Essa semelhança formal leva a interpretar tais formas como derivadas, isto é, estruturadas conforme o esquema da prefixação ou da sufixação:

Atuais tendências em formação de palavras

(29) testículo - texto pequeno.

estouro - boi que sofreu operação de mudança de sexo.

expedidor - mendigo que mudou de classe social.

diabetes - as dançarinas do diabo.

missão - culto religioso com mais de três horas de duração.

padrão - padre muito alto.

democracia - sistema de governo do inferno.

ministério - aparelho de som de dimensões muito reduzidas.

bimestre - indivíduo com dois títulos de mestrado.

Em resumo, analogias e decomposições sublexicais são construções expressivas, utilizadas como ironia e doses de humor. Revelam a criatividade do falante e sua habilidade de manipular palavras e expressões, nas quais reconhece, pela forma, estrutura morfológica muitas vezes inexistente. Passemos, agora, a descrever processos mais conhecidos, observando se há neles algum tipo de mudança da década de 1990 aos dias atuais.

Mudanças na importância relativa dos tipos de processos de formação de palavras

Como aponta Szymanek (2005: 231), "é difícil avaliar e comparar, em termos globais, a contribuição relativa de diferentes processos de formação de palavras para o estoque de novos vocábulos". No entanto, existem tendências universais no emprego de recursos morfológicos e o português se comporta como as demais línguas nesse aspecto. Para Sapir (1921: 59), "alguns processos gramaticais, como a afixação, são extremamente difundidos; outros, como a mudança vocálica, são menos comuns"; além disso, "dos três tipos de afixação – o uso de prefixos, sufixos e infixos – a sufixação é muito mais comum" (Sapir, 1921: 67).

SUFIXAÇÃO

As generalizações apontadas em Sapir (1921) podem ser interpretadas, no contexto da discussão aqui encaminhada, como indício de que a sufixação tem sido – e ainda é – a principal fonte de novas palavras complexas em português (assim como em muitas outras línguas). De fato, além do uso de sufixos fartamente abordados tanto pela tradição gramatical quanto por manuais de morfologia, como -*dor*, -*vel*, -*ista* e -*mente*, o português atual vem se caracterizando pelo emprego de radicais neoclássicos que se transformaram em sufixos. Tal é o caso, por exemplo, de -*logo*, -*metro*, -*latra* e -*dromo* (Rondinini, 2004; Rondinini e Gonçalves, 2007; Gonçalves, 2011c), com instanciações recentes exemplificadas em (30), a seguir:

(30) beijólogo, barrigólogo, cigarrólogo, bucetólogo;
boiolódromo, bodódromo, fumódromo, trepódromo;
desconfiômetro, olhômetro, mancômetro, boiolômetro;
orkutólatra, cinemólatra, coca-cólatra, sapatólatra.

Outros sufixos recém-incorporados à língua são -*ê* e -*itcho* (['i.tʃʊ]), referenciados em Gonçalves (2005a). O primeiro, manifestando a noção de intensidade, cria substantivos a partir de substantivos (31). O segundo parece ter sido formado a partir do dimensivo -*ito* pela substituição da oclusiva alveolar [t] pela africada palato-alveolar [tʃ], o que confere maior expressividade à construção. Utilizado em referência a algo (ou alguém) avaliado positivamente pelo emissor, -*itcho* também se anexa a substantivos para formar novos substantivos (32):

(31) miserê, fumacê, balancê, baguncê, mulherê, fuzuê
(cf. Gonçalves, 2005a: 78)
(32) corpitcho, roupitcha, cabelitcho, papitcho
(cf. Paula e Souza, 2011: 123)

PREFIXAÇÃO

Bauer (2003) argumenta que, em inglês, a "preferência pela sufixação" é reforçada pela tendência crescente, nos dias atuais, do uso de afixoides[1] em posição inicial, o que caracterizaria uma mudança tipológica na morfologia dessa língua. Sem querer diminuir o alcance da prefixação no português contemporâneo, já que continuamos a utilizar vários prefixos para formar novas palavras, como em *destucanização* ('diminuir a influência do PSDB'), *descapetizar* ('tirar o capata de alguém') e *redolarizar* ('dolarizar novamente a economia'), é também notável em nossa língua o crescente uso de afixoides em posição inicial, como *eco-*, *foto-*, *tele-*, *petro-* e *bio-*, entre tantos outros. Dessa maneira, competem, na borda esquerda da palavra, prefixos antigos, de uso consolidado na língua, como *re-*, *des-* e *pré-*, e prefixoides, discutidos com mais detalhes no capítulo "Recomposição", que aborda especificamente o fenômeno de mesmo nome.

Muitos dos radicais gregos e latinos listados em gramáticas tradicionais, hoje, se comportam como prefixos, sendo reconhecidos como tais por autores de diferentes filiações teóricas, a exemplo de Góes (1937), Bueno (1988), Sandmann (1989)

Atuais tendências em formação de palavras

e Monteiro (1987). Uma evidência em favor da análise das formas em (33) como prefixos é a natureza de seus significados. Tais elementos atualizam significados compatíveis aos de advérbios, numerais e preposições, como outros prefixos da língua, a exemplo de *re-* e *sub-*.

(33) *bi-* (bisavô, bissexual)
    mini- (minissaia, minidicionário)
    multi- (multissecular, multiangular)
    pluri- (pluricêntrico, pluricelular)
    vice- (vice-presidente, vice-diretor)
    ambi- (ambivalência, ambidestro)
    macro- (macrocosmo, macrobiótica)
    micro- (microcomputador, microcosmo)
    poli- (poliamor, politeísmo)
    mega- (megacomício, megaevento)

Em relação a questões de natureza fonológica, pode-se afirmar que a maior parte dos prefixos projeta uma palavra prosódica independente, fazendo com que a construção morfológica resultante se realize sob dois acentos. Cabe, aqui, diferenciar, seguindo Schwindt (2000) dois tipos de prefixos em português: (i) os PCs, prefixos composicionais, como *pós-*, *pré*, *ex-* e *sub-*; e (ii) os PLs, prefixos legítimos, como *in-*, *des-* e *re-*. PCs funcionam fonologicamente como palavras autônomas, isto é, portam acento, pois são dissílabos paro-

Mudanças na importância relativa dos tipos de processos de formação de palavras

xítonos, como *contra-*, *anti-*, *mega-* e *super-*, ou monossí-labos tônicos, a exemplo de *pró-*, *ex-* e *pré-*. Já os PLs, em número significativamente menor na língua, configuram sílabas átonas que funcionam, na realidade, como pretôni-cas em relação à base, como se observa em *injusto*, *desen-tupir* e *rever*. Na proposta de Mattoso Câmara Jr. (1970), para a representação dos graus de acento em português, PCs receberiam 2 e PLs, 1:[2]

(34) pré-vestibular redistribuição   pós-parto ingrato
    2 1 11 3   1 1 1 1 1 3   2   3 0   1 3 0

Há, na sufixação, relação inversamente proporcional à prefixação no que diz respeito à projeção de palavras prosó-dicas: se, por um lado, são menos numerosos os prefixos sem acento próprio, por outro, a maior parte dos sufixos não pro-jeta palavras prosódicas independentes, realizando-se, com a base a que se anexam, sob um único acento – como se vê nas representações a seguir, nas quais há total isomorfismo entre palavras prosódicas (PrWds), colocadas entre colchetes, e pa-lavras morfológicas (MWds), delimitadas por chaves;[3] Rad e Suf abreviam, nessa ordem, radical e sufixo:

(35) $\{[\text{portug(u)}_{\text{Rad}}\hat{\text{e}}\text{s}_{\text{Suf}}]_{\text{PrWd}}\}_{\text{MWd}}$ $\{[\text{leal}_{\text{Rad}}\text{dade}_{\text{Suf}}]_{\text{PrWd}}\}_{\text{MWd}}$
      $\{[\text{malandr}_{\text{Rad}}\text{agem}_{\text{Suf}}]_{\text{PrWd}}\}_{\text{MWd}}$ $\{[\text{cert}_{\text{Rad}}\text{eza}_{\text{Suf}}]_{\text{PrWd}}\}_{\text{MWd}}$

COMPOSIÇÃO

A composição também vem contribuindo com um sem-número de itens lexicais recentes em português, em particular compostos N-N do tipo endocêntrico (com interpretação partindo do núcleo, a cabeça lexical), como as construções com *bolsa* (*Bolsa Família, Bolsa Escola*), *auxílio* (*auxílio aluguel*; *auxílio-alimentação*), *vale* (*vale-refeição, vale-transporte*) e *seguro* (*seguro-saúde, seguro-desemprego*), analisadas em Almeida (2010). Tais formas são abundantes nas duas últimas décadas e, de acordo com Faria (2011: 115),

> [...] além da noção de ajuda de custo (benefício social) que as formações 'bolsa-família' e 'bolsa-escola' acionam, percebemos também a noção compensatória, advinda de uma política em que o governo oferece "benefícios" aos cidadãos, de modo a suprir direitos básicos (saúde, educação, trabalho, alimentação, lazer, moradia), na tentativa de mascarar os fracassos sucessivos da administração pública ou, poderiam dizer alguns, de mascarar a corrupção tão conhecida nossa, no cenário político brasileiro.

Os compostos *bolsa*-X têm produtividade similar à de derivados no português brasileiro contemporâneo, pois são inúmeras as formas assim constituídas, como confirmam os exemplos na Tabela 3, extraídos de Faria (2011: 186-9) com adaptações (nos casos de nomes oficiais de programas governamentais, foram mantidas as grafias originais):

Mudanças na importância relativa dos tipos de processos de formação de palavras

Tabela 3 – Relações de compostos bolsa-X em português

COMPOSTO	DEFINIÇÃO
bolsa-adolescente (2010)	Ajuda para que jovens concluam o ensino profissionalizante.
Bolsa-Alimentação (2001)	Programa para combater a mortalidade infantil em famílias de baixa renda e histórico de desnutrição.
bolsa-Amazônia (1992)	Ajuda facilitar a comercialização sustentável de produtos da Amazônia, a fim de proteger os recursos naturais.
bolsa-aposentadoria (2003)	Programa que estimula a permanência em atividade dos professores do ensino superior das universidades federais.
Bolsa-Atleta (2000)	Programa para garantir a manutenção pessoal aos atletas de alto rendimento que não possuem patrocínio.
bolsa-auxílio (2002)	Programa para evitar a evasão de estagiários por motivos relacionados à baixa renda familiar.
bolsa auxílio-educação (1991)	Concessão de salário mínimo a estudantes matriculados no ensino superior. Após a conclusão do curso, o aluno ressarce a quantia recebida.
bolsa-bandido (2010)	Benefício auxílio-reclusão recebido pela família de delinquentes de todo tipo.
bolsa-blindagem (2008)	Trata-se de crítica ao governo pelas diversas bolsas existentes.
bolsa-boiola (2008)	Crítica ao Governo Federal (GF) pela compra de 15 milhões de lubrificantes KY para distribuir aos gays.
bolsa-celular (2009)	Projeto de telefonia móvel, destinado às classes D e E.
bolsa-copa (2010)	Destinada a policiais civis e militares, bombeiros e guardas municipais que trabalharam nos jogos da Copa 2014.
Bolsa Dedicação (2008)	Programa que beneficia os estudantes do programa Nossa Bolsa, para que possam se dedicar integralmente aos estudos.
bolsa-desemprego (2008)	Auxílio para quem foi demitido sem justa causa, e estava no emprego há pelo menos 6 meses.

Atuais tendências em formação de palavras

bolsa-desmatamento (2008)	Auxílio destinado àqueles que zelam pelo não desmatamento amazônico.
bolsa-ditadura (2002)	Auxílio com o objetivo de reparar danos impostos a cidadãos brasileiros durante o regime militar estabelecido em 1964.
bolsa-eleição (2009)	Benefício criado pelo governo (o Bolsa Família) que se tornou ícone para vencer a disputa à presidência da república.
Bolsa Escola (1994; 2001)	Programa de transferência de renda usado como estímulo para que jovens frequentem a escola regularmente.
bolsa-esporte (2008)	Proporciona o desenvolvimento humano através do esporte, além da descoberta de novos talentos esportivos.
Bolsa-estágio (2005)	Quantia paga ao estagiário que faça frente aos gastos de manutenção, despesas escolares e outros oriundos do estágio.
bolsa-estupro (2010)	A bolsa deve ser paga pelo agressor e caso não o faça o ônus recairá sobre o Estado.
bolsa-extensão (2009)	Auxílio financeiro dispensado a um projeto de extensão pago a um estudante pelo desempenho das atividades de projeto.
Bolsa Família (2003)	Programa de transferência de renda para integrar e unificar ao programa *Fome Zero*.
Bolsa Floresta (2009)	Facilita a legislação ambiental por parte de empreendedores e proprietários de terras, que recebem para cuidar da mata.
Bolsa Formação (2008)	Auxílio destinado a policiais civis e militares, bombeiros, agentes penitenciários e peritos com salários até R$ 1.400.
bolsa-gargalhada (2007)	Crítica ao GF. Pelo contexto da criação, deveria ser criada uma bolsa para os artistas que nos fazem rir.
bolsa-invasão (2009)	Remuneração para aqueles que tiveram suas áreas territoriais invadidas.
Bolsa Mérito (2009)	Atribuição de bolsas de estudo por mérito a estudantes com aproveitamento escolar excepcional.

Mudanças na importância relativa dos tipos de processos de formação de palavras

bolsa-miséria (2009)	É o benefício Bolsa Família que recebeu o nome bolsa-miséria, em 2009, porque tem mais finalidade eleitoreira do que diminuir a miséria realmente.
bolsa-palestra (2011)	Criação usada em alusão ao enriquecimento rápido de ex-políticos pelas consultorias feitas após saírem do governo.
bolsa-pesquisa (2009)	Incentiva a institucionalização da pesquisa de pós-graduação *stricto sensu* nas instituições de educação superior.
bolsa-prêmio (2002)	Benefício destinado a promover a diversidade e o pluralismo no preenchimento de cargos.
bolsa-sanduíche (2006)	Proporciona aos estudantes de doutorado a oportunidade de desenvolver parte de sua pesquisa em instituição no exterior.
bolsa-táxi (2009)	Crítica encabeçada pelas redes sociais da internet acerca da instituição, no Rio de Janeiro, da "Lei Seca".
bolsa-transporte (2010)	Serviço oferecido com objetivo de ajudar o estudante a pagar o transporte durante sua permanência na universidade.
Bolsa Universidade (2009)	Programa municipal destinado à concessão de bolsas em instituições de ensino superior da cidade de Manaus.

Compostos N-N expressivos são também muito comuns nos dias de hoje. A título de exemplificação, analisemos dois padrões: $[[x]_{S_i} bomba]_{S_j}$ e $[mulher[x]_{S_i}]_{S_j}$. No primeiro caso, a nova formação *bueiro-bomba*, empregada por causa dos vários episódios envolvendo explosões de bueiros na cidade do Rio de Janeiro, reflete, em tom de ironia, a estruturação de *homem-bomba*, *carta-bomba*, *avião-bomba* e *bilhete-bomba*, entre tantas outras. No segundo caso, vêm sendo cada vez mais comuns nomes em que um aspecto específico do corpo da mulher é ressaltado em função da fruta especificada na segunda posição de compostos, nos quais *mulher* constitui a cabeça lexical (núcleo da construção), como se vê nos exemplos em (36). De acordo com o *Wikipedia*,

> **Mulher-fruta** é a designação dada a um fenômeno do funk carioca surgido na primeira década do século XXI, quando uma série de dançarinas começou a ganhar destaque no cenário do funk brasileiro. O sucesso logo se espalhou para outras mídias, sendo citadas desde a página da Academia Brasileira de Letras, músicas, participações no Carnaval no Rio de Janeiro até a chamada mídia erótica, com inúmeras capas de revistas publicadas num curto período. (Disponível em: <https://PT.wikipedia.org/wiki/Mulher-fruta>. Acesso em: 12 dez. 2015)

(36) Mulher Melancia, Mulher Melão, Mulher Moranguinho, Mulher Jaca, Mulher Cereja, Mulher Maçã, Mulher Pera, Mulher Fruta-pão.

Por extensão, formas como *mulher-filé* e *mulher-siri* começaram a aparecer na mídia, o que reflete a fixação do padrão, levado a cabo com a criação de *mulher-banana* (nome dado a um travesti que dançava em um grupo *funk*). De acordo com Szymanek (2005: 432), a facilidade com que falantes produzem compostos novos pode ser atribuída ao fato de esse processo não ser limitado por restrições gramaticais (ao contrário do uso de muitos afixos), "salvo alguns requisitos semânticos gerais e fatores pragmáticos (extragramaticais), como a exigência de nomeabilidade". Para Bauer (1983: 86), um item lexical "deve denotar algo que seja nomeável" ou, podemos acrescentar, algo que valha a pena nomear, do ponto de vista do emissor.

Por tudo que se expôs, pode-se afirmar que uma possível mudança no comportamento relativo dos processos de formação de palavras é a criação de padrões de composição, tipo de formação de palavras quase sempre considerado mais *ad hoc*, que (i) não forma séries de palavras e, principalmente, (ii) tem produtos mais imprevisíveis (Cunha e Cintra, 1985; Monteiro, 1987; Stockwell e Minkova, 2001). O que temos observado, hoje, é a criação de séries de palavras, com padronização bem próxima à da derivação.

Evidência de que hoje temos um padrão produtivo de nomes compostos *maria*-X, analisados no capítulo "Neologismos derivacionais, formações *ex-nihilo* e *hapax legomenon*", é a existência, na internet, da página – "Estereótipos de Maria" – com uma lista de dezoito tipos de mulheres apelidadas por seus gostos específicos (as definições do site foram adaptadas):

Tabela 4 – Relação de compostos maria-X em português.

COMPOSTO	DEFINIÇÃO
maria-fotômetro	Apaixonada por fotógrafos e mais ainda pelos cliques que eles realizam.
maria-divã	A mulher conselheira que atua como psicóloga, mas, na verdade, o foco é ter uma brecha para consolar o amigo em seus braços.
maria-pickup	Ela gosta mais do DJ que da balada. Frita na frente da cabine esperando um sinal do rei da pista.
maria-tatame	Com a popularização do MMA, ela está mais comentada. Gosta de lutadores, devido ao porte físico e à sensação de segurança que eles proporcionam.

Atuais tendências em formação de palavras

maria-palheta	Saber tocar algum instrumento é o requisito principal. Se cantar e compuser, é amor na certa.
maria-fuzil	Pois é, tem menina que gosta de homens armados, principalmente traficantes, porque na comunidade eles têm fama, dinheiro e garantem proteção.
maria-batalhão	Policiais, bombeiros, investigadores. O negócio dela é o cara que veste farda.
maria-magistério	Ela é encantada por quem leciona, independente da matéria. Pegar o professor é o foco.
maria-pandeiro	Obcecada pelos cantores de pagode.
maria-passaporte	Costuma atacar em grandes eventos turísticos como o Carnaval, que atraem muitos gringos procurando diversão e com bastante dinheiro para gastar.
maria-chuteira	Os jogadores de futebol são o alvo e são um alvo fácil. Estamos cansados de ver inúmeros deles pagando pensão alimentícia por aí.
maria-celebridade	Alpinista social que se envolve com famosos para alcançar algum destaque na mídia.
maria-parafina	A que pega surfistas.
maria-estetoscópio	A tara é pelos caras vestidos de branco, médicos, dentistas...
maria-panela	Tem sido muito comum ultimamente a procura dos homens pelo curso de gastronomia. Gosta de homens que sabem cozinhar bem, pois muitos deles viram chefes de cozinha e abrem restaurantes. É unir o útil ao agradável.
maria-Al-capone	É mulher bem nova, mas que "gosta" de caras mais velhos e milionários.
maria-gasolina	Um dos perfis mais clássicos do apelido; é conhecida pelo interesse no carro que o homem tem. Estar dentro dele é como ganhar um troféu, estar no pódio. Ela se sente poderosa com o poder dos outros.
maria vai com as outras	Ela não tem um tipo específico porque gosta daquele carinha do momento. É bastante influenciada pelo gosto e pela opinião das amigas.

COMPOSIÇÃO NEOCLÁSSICA

O usuário da linguagem contemporânea também recorre, muitas vezes, a outros padrões de composição. Por exemplo, as últimas décadas têm sido marcadas por um aumento considerável no uso dos chamados compostos neoclássicos, construções com bases presas de origem grega ou latina, a exemplo de *sociopata*, *pedófilo* e *heterofóbico*, entre tantas outras. A composição neoclássica constitui estrutura recorrente na morfologia de muitas línguas europeias, não apenas as neolatinas, pois o processo foi (e ainda é) largamente utilizado na formação dos chamados "internacionalismos" (Wexler, 1969) – formas que caracterizam um vocabulário universal técnico-científico e filosófico-literário, de inspiração predominantemente greco-latina. A título de exemplificação, observe a série de palavras a seguir, todas iniciando com o radical preso *eletro*:

(37) eletrodoméstico, eletroeletrônico, eletrochoque, eletroreggae, eletromagnetismo, eletrofita, eletronuclear, eletrotécnica.

Ocasionalmente, surgem novas formas presas utilizadas na primeira posição de compostos neoclássicos, como *nano-*, partícula oriunda do grego *nannós*, 'anão', usada atualmente com o significado de 'extremamente pequeno', e as unidades de medida *tera-*, do grego *téras*, que significa 'monstro' e *giga-*, do grego *gigas*, 'gigante':

Atuais tendências em formação de palavras

(38) nanopartículas, nanotecnologia, nanociência, nanochip, nanocristalização;
terabyte, teragrama, terahertz, teravolt, teraunidade;
gigabyte, gigadesconto, gigaelétron, gigapixel, gigafóton.

Como a composição neoclássica responde principalmente pela formação de nomes relacionados à linguagem técnico-científica e filosófico-literária, novos termos técnicos podem ser criados por analogia a outros já existentes, sendo rigorosamente manufaturados (feitos à mão, intencionalmente). Tal é o caso, por exemplo, de *ortorexia*, distúrbio de alimentação marcado por uma obsessão por alimentos saudáveis (sem química, agrotóxicos ou aditivos). A *ortorexia* é considerada um transtorno porque esse hábito, se levado ao extremo, pode produzir problemas de saúde, pela falta de alimentos que completam uma dieta regular.

Por outro lado, falantes podem atuar sobre esse tipo de formação e criar formações totalmente inusitadas, por seu caráter não técnico e popular. É o que se observa, por exemplo, em *verborragia, frangorexia, cibercondria* e *sincericídio*. No primeiro caso, nomeia-se o uso excessivo de palavras para expressar algo sem conteúdo, uma verdadeira 'hemorragia de palavras'; no segundo, o comportamento alimentar de quem se abstém da ingestão de frango, ou seja, um 'anoréxico de galináceos'; no terceiro, 'alguém doente pelo uso excessivo de aparelhos eletrônicos'; no último, o ato de uma pessoa falar o que pensa, sem medir as consequências do que diz, o que equivale a cometer uma espécie de 'suicídio pela sinceridade'.

O inventário de elementos neoclássicos não é aberto como o dos demais radicais, o que os aproxima dos afixos. Além disso, muitos elementos neoclássicos têm uma função semântica e sintática pré-determinada, como os afixos. Assim, concordamos com Bauer (2005: 105), quando ele afirma que

> o rótulo 'composto neoclássico' se mostra inadequado, uma vez que um composto neoclássico não é um composto (de acordo com leitura normal da palavra), sendo mais um problema terminológico do que um problema de substância.

Portanto, se os usos e significados de palavras derivadas correspondem às funções dos afixos, não teríamos nenhuma hesitação em categorizar -*teca* como sufixo, uma vez que esse formativa cria série de palavras, sempre proporcionando o mesmo significado: "coleção". Como se vê em (39), todas as formas X-*teca* são interpretadas composicionalmente, sendo facilmente analisáveis em termos de estruturação morfológica interna, não lembrando os opacos eruditismos do século XIX:

(39) fototeca   'coleção de fotografias'
     xerocoteca   'coleção de cópias xerográficas'
     esmalteca   'coleção de esmaltes'
     textoteca   'coleção de textos'
     espermoteca   'lugar em que se guardam espermas'

DERIVAÇÃO REGRESSIVA E PARASSINTÉTICA

Não podemos deixar de destacar a derivação regressiva e a parassíntese, processos de formação de palavras considerados "minoritários", ou seja, que não contribuem substancialmente para a criação de palavras muito recentes. A produtividade da derivação regressiva, considerada um "tipo de derivação muito raro ultimamente", mas que "já foi mais comum" (Maroneze e Bazarim, 2008: 18) pode ser questionada atualmente, pois não se veem nomes sendo formados pela substituição das terminações verbais pelas nominais, como os antigos deverbais *ataque* e *fala*. A forma *agito*, recentemente usada com o sentido de 'acontecimento festivo', normalmente direcionado aos jovens, pode ser considerada uma extensão semântica de 'estado ou circunstância que demonstra excesso de excitação', não sendo, portanto, uma forma nova. Dados como *fico* e *chego*, de fato recentes, parecem particípios irregulares dos verbos *ficar* ('namorar por curto período de tempo') e *chegar* ('vir'). O seguinte exemplo de *fico*, extraído de Maroneze e Bazarim (2008: 18), comprova isso:

(40) Em meio ao esforço de transformar *wannabes* em celebridades, estão centenas de agentes e assessores de imprensa. São eles que alardeiam pequenos casos ou mesmo **"ficos"** como namoros sérios, para colocar a imagem de seus clientes na mídia. (*Época*, 12/5/2005, grifo nosso)

A improdutividade da derivação regressiva pode estar associada, entre outros fatores, (i) à existência de inúmeras estratégias de nominalização de verbos em português, como as listadas em (41), (ii) ao comportamento irregular da vogal temática nominal, cuja presença não é condicionada pela conjugação verbal, como se vê em (42), e (iii) à emergência do truncamento, processo de redução vocabular analisado com mais detalhes no capítulo "Os processos não concatenativos de formação de palavras".

(41) Sufixo -*ção*:   curtição, cassação,
                              lambeção, lavação
     Sufixo -*mento*:   encurtamento,
                              arrebatamento, refinamento
     Sufixo -*agem*:   lavagem, espionagem, agiotagem
     Sufixo -*ura*:   mordedura, laqueadura,
                              semeadura
     Outros sufixos: sumiço, conferência, tremor
     Formas *dar uma X-da*:   dar uma paquerada,
                              uma esticada, hackeada
     Particípios: pedido, lambida,
                              gemido, partida
     Conversão: o andar, o olhar,
                              o trajar, o vestir
(42) Verbos de 1ª conjugação: ajust**e**, fal**a**, mand**o**
     Verbos de 2ª conjugação: abat**e**, perd**a**, excess**o**
     Verbos de 3ª conjugação: vest**e**, imprim**a**(-se)

Na parassíntese (também conhecida como circunfixação), um prefixo e um sufixo são adicionados simultaneamente a uma raiz para efeitos de mudança de classe (de nome a verbo) e expressão de conteúdo aspectual (ideia de mudança de estado). Como só há uma diferença de significado entre derivado e derivante, uma possível solução seria considerar que um dos elementos (o prefixo ou o sufixo) é desprovido de conteúdo, interpretando-o, pois, como assemântico (Monteiro, 1987). Uma proposta alternativa – que evita a proliferação indiscriminada de formas sem significado – é considerar a parassíntese como um caso de circunfixação (Spencer, 1993), no qual há adição simultânea de um único elemento nas posições inicial e final. Uma vez que o formativo literalmente se divide em dois, no seu interior é anexada a raiz, como se observa no esquema a seguir:

(43) en   √   ecer
     trist
     velh
     pobr
     riqu
   Esquema: $[en[X]_{Adj}ecer\ ]_{V\,j} \leftrightarrow [TORNAR\text{-}SE\ [X]_i]_j$

Padrões de parassíntese responsáveis pela formação de verbos nos dias de hoje (cf. Castro da Silva, 2012) são $[a[X]_{S\,i}ar]_{V\,j}$, que forma palavras como *atucanar* ('passar para o PSDB', partido político representado por um tucano), $[en[X]_{S\,i}ar]_{V\,j}$, que cria formas como embruacar ('ficar bruaca, feia'), e $[en[X]_{S\,i}ecer]_{V\,j}$, que instancia, por exemplo, *enerdecer* ('virar *nerd*'). Investigando a produtividade e o comportamento morfossemântico de construções parassintéticas no português brasileiro, Castro da Silva (2012: 180) destaca que "o entrincheiramento de construções contribui para sua maior produtividade, ao passo que o entrincheiramento de palavras impede sua reanálise pela força paradigmática". Em função disso, justifica a improdutividade do esquema $[a[x]_{N_i} ecer]_{V_j}$ no português atual. Esse esquema assegura a possibilidade de análise de formas como *anoitecer* e *amanhecer*, mas não responde hoje por novas formações.

Cruzamentos, truncamentos e acrônimos constituem outra área da formação de palavras do português contemporâneo em que neologismos são abundantes, razão pela qual não podemos deixar de destacar, no seguinte capítulo, "Os processos não concatenativos de formação de palavras", a vitalidade dos chamados processos que nomeiam o capítulo.

NOTAS

[1] Na literatura morfológica sobre o português, o termo afixoide apresenta três diferentes acepções: (i) forma truncada que remete, metonimicamente, ao significado da palavra complexa de onde se desgarrou (Duarte, 1999, 2009; Gonçalves, 2011b), a exemplo de *bio-* e *agro-*; (ii) elemento que aparece em formações isoladas, únicas, os hapaces (Rocha, 1988), como o *ebre* de *casebre*; (iii) elemento ressemantizado que, necessariamente, coexiste com uma palavra da língua, seja ela uma preposição, como *contra-* (*contra-ataque*) ou um substantivo (*mania* de chocolate vs *chocomania*). Essa última visão é encontrada em Sandmann (1989, 1990). Neste livro, o termo afixoide é utilizado na primeira acepção.

[2] Na proposta de Mattoso Câmara Jr. (1970), 3 sinaliza a tônica, 2 a segunda tônica num grupo de força, 1 as pretônicas e 0 as postônicas. A pauta acentual é feita por meio dessa numeração convencionalizada abaixo de cada sílaba da construção.

[3] As exceções, aqui, ficam por conta de *-mente* e *-zinho*, chamados de sufixos no-cohering (Booij, 2002): são elementos que não promovem mudanças fonológicas na palavra-base (que se mantém idêntica em sua constituição segmental) porque projetam palavras prosódicas independentes. As construções resultantes se assemelham, nesse aspecto, à composição.

Os processos
não concatenativos
de formação de palavras

Em linhas gerais, os processos chamados de não concatenativos se diferenciam dos aglutinativos pela ausência de encadeamento. Nas operações aglutinativas, como a composição, a prefixação e a sufixação (mostradas no capítulo "Mudanças na importância relativa dos tipos de processos de formação de palavras"), um formativo se inicia exatamente no ponto em que outro termina, como em *bolsa-ditadura* ('benefício pago pelo governo para reparar danos impostos a cidadãos brasileiros durante o regime militar'), *pré-sal* ('porção do subsolo que se encontra sob uma camada de sal situada abaixo do leito do mar') e 'PSDista' ('adepto do PSD', novo partido político brasileiro). Nos processos não concatenativos, a sucessão linear dos elementos morfológicos pode ser rompida por reduções, fusões, intercalações ou repetições, de modo que uma informação morfológica não necessariamente se inicia no ponto em que outra termina.

Não descritos de forma sistemática em nossa língua e interpretados como irregulares pela maior parte dos estudiosos que lhes dedicaram alguma atenção, os processos não concatenativos são sempre referenciados como "imprevisíveis" (Sandmann, 1990), "não suscetíveis de formalização" (Laroca, 1994), "marginais" (Alves, 1990) e até mesmo "limitados" (Carone, 1990) e "esquisitices" (Aronoff, 1976). Gonçalves, que vem analisando essas operações há algum tempo (2003, 2004, 2005b, 2006), mostra que sua regularidade "provém da integração de primitivos morfológicos com primitivos prosódicos e, por isso, uma abordagem mais compreensiva de tais fenômenos requer enfoque a partir da interface Morfologia-Fonologia" (2004: 26). Em Gonçalves (2006), propõe-se que essas operações morfofonológicas sejam distribuídas em três grandes grupos:

a. processos de afixação não linear (reduplicação);
b. processos de encurtamento (truncamento e hipocorização); e
c. processos de fusão (cruzamento vocabular e siglagem).

Abordamos, a seguir, cada um desses mecanismos, focalizando, em especial, os cruzamentos e os truncamentos.

REDUPLICAÇÃO

A reduplicação é um processo de afixação não linear, uma vez que envolve a cópia de material fonológico de uma base, à qual se chega, algumas vezes, por meio de um encurtamento. Pode ocasionar a repetição de toda a palavra ou de apenas parte dela (à esquerda ou à direita), com ou sem alteração fonológica.

Nas línguas do mundo, a reduplicação é usada em flexões, para transmitir uma função gramatical, tal como a pluralidade, e em derivações lexicais para criar novas palavras com valores semânticos dos mais variados. É frequentemente usada quando o falante adota uma postura mais expressiva e também, muitas vezes, irônica. Reduplicação é o termo padrão para esse fenômeno na literatura linguística. Outros são usados ocasionalmente: clonagem, duplicação e repetição. É um mecanismo de produtividade muito limitada no português europeu e em outras variantes do mundo lusófono, mas, na variedade brasileira, novas formas reduplicadas são facilmente encontradas. Por exemplo, o acréscimo do molde subespecificado VCV (vogal-consoante-vogal) no final da palavra expressa intensificação:

(44) chor+o chororô 'choro excessivo'
     bol+o bololô 'grande aglomeração'
     trel+a trelelê 'dar confiança demais'
     baf+o bafafá 'confusão; gritaria'

Atuais tendências em formação de palavras

Em todas as palavras que expressam intensidade usando essa estratégia, as vogais resultantes são sempre idênticas, existindo, portanto, perfeita harmonia na melodia vocálica. Exemplos como os de (44) nos levam a considerar que o processo de cópia faz uso dos segmentos da raiz (não da palavra), uma vez que o índice temático da base nunca emerge. Assim, a partir de *ch[o]ro*, temos *chororó*, instanciando uma vogal média-fechada, [o], como o núcleo das três sílabas da palavra resultante. O mesmo pode ser dito sobre *b[a]fo*, em que a eliminação da vogal temática produz três vogais baixas idênticas (*bafafá*).

Esse padrão de reduplicação aparece em outros casos, sempre expressando intensidade, como *piriri* ('diarreia excessiva') e *sururu* ('confusão'), nos quais é difícil identificar uma base, sendo impossível uma interpretação mais composicional. Para as palavras reduplicativas, podemos definir um modelo fonológico abstrato: $C(C)V_iC_jV_iC_jV_i$, em que i e j subscritos indicam identidade completa de segmentos e C e V, consoante e vogal, nesta ordem. Parênteses representam opcionalidade: a segunda consoante pode ou não existir, como **bafafá** versus **trelelê**.

O segundo subtipo, igualmente mais comum no português brasileiro, envolve a reduplicação de um verbo para formar um composto V_iV_i. Os produtos podem transmitir dois significados: ação (45a) ou objeto (45b). Em alguns casos, ambos os sentidos pode ser observados na mesma palavra (45c):

(45) a. borra-borra 'ato de borrar repetidamente'
b. bate-bate 'brinquedo do parque de diversões'
c. pula-pula 'ato de pular repetidamente/brinquedo'

As bases de compostos $V_i V_i$ são geralmente dissilábicas (*chupa-chupa*, 'tipo de picolé'; *treme-treme*, 'tremer excessivamente'; *pisca-pisca*, 'luminoso que pisca repetidamente'). Há também casos como *empurra-empurra*, *espreme-espreme* e *esbarra-esbarra*, com três sílabas, mas a primeira é sempre desprovida de *onset* (ataque silábico, elemento pré-nuclear). Uma vez que a reduplicação de bases verbais é regida por exigências prosódicas, os produtos sempre terminam em sílabas abertas (sem coda, ou seja, sem consoante final). Finalmente, a principal característica do processo é a seleção da terceira pessoa do singular do presente do indicativo (P3 Ind. Pres.): assumimos que essa é a forma não marcada do paradigma do verbo, fato que permite a releitura do verbo como substantivo.

Evidência de que P3 Ind. Pres. é, realmente, a forma não marcada em português é o fato de figurar em compostos VS (Verbo-Substantivo), como em (46), composição com estrutura muito semelhante à de sintagmas verbais, e em compostos $V_i V_j$ com dois verbos diferentes igualmente na terceira pessoa do singular do presente do indicativo (47):

(46) guarda-costas 'tipo de segurança'
lava-louça(s) 'instrumento para lavar louças'
quebra-cabeça(s) 'jogo de montagem'
porta-copos 'objeto para pendurar copos'
paraquedas 'artefato de lona para amortecer a queda'

(47) bate-entope   'iguaria que logo sacia'
    sobe e desce   'subir e descer repetidas vezes'
    leva e traz   'fofoqueiro'
    morde e assopra   'indivíduo que critica alguém e logo
                      depois elogia'

HIPOCORIZAÇÃO

Hipocorísticos, como *Lena* (de *Marilena*) e *Rafa* (de *Rafael*), derivam de nomes próprios e são adotados com o propósito de demonstrar intimidade ou afetividade (Thami da Silva, 2008; Lima, 2008). De um modo geral, são reservados ao tratamento por parte de familiares, amigos íntimos ou pessoas com quem haja relação afetiva. Por isso, são bastante frequentes nas redes sociais e pouco usuais na escrita formal.

Para Gonçalves (2005a: 08), hipocorização é o "processo morfológico pelo qual antropônimos são encurtados afetivamente, resultando numa forma diminuta que mantém identidade com o prenome ou com o sobrenome original". Sendo assim, *Xande* é um hipocorístico por se tratar de uma forma encurtada afetivamente que mantém identidade com o prenome original, no caso, *Alexandre*. Esse conceito, como se vê, conduz o leitor ao estabelecimento de uma distinção básica entre hipocorístico e apelido: o hipocorístico precisa manter identidade com o prenome; o apelido, entretanto, não. Uma forma como *Baixinho*, por exemplo, pode ser considerada apelido de algum indivíduo, mas não um hipocorístico, uma vez que não mantém identidade com antropônimo algum. Dessa forma, pode-se afirmar que todo hipocorístico é um apelido, mas nem todo apelido é, de fato, um hipocorístico.

Na mídia impressa, hipocorísticos são muitas vezes empregados em tom de ironia, como no seguinte comentário de leitor, no *Jornal Extra* de 19/05/2011 (grifo nosso):

(48) Se ela demitisse, "de mentirinha", o **Toninho Palocci**, quem sabe não convenceria os inocentes úteis de que o PT não rouba?".

SIGLAGEM

Siglas são amplamente criadas no português atual. Compreendem acrônimos e alfabetismos. Os primeiros são siglas cuja combinação de letras possibilita pronunciar a nova forma como palavra comum da língua, a exemplo da recente UPA (Unidade de Pronto Atendimento), realizada como ['u.pɐ], em que a sequência de letras segue os padrões fonotáticos do português. Alfabetismos, ao contrário, são siglas produzidas de forma soletrada, como UPP (Unidade de Polícia Pacificadora), realizada como [u.pe.'pe].

Uma característica que define as siglas, diferentemente das demais palavras formadas por outros processos também considerados não morfêmicos – aqui entendidos como aqueles que não se valem de morfemas, no sentido estrito do termo –, é o fato de serem maciçamente formadas na modalidade escrita.

Algumas poucas siglas são criadas, na fala, como eufemismos, com o intuito de evitar nomes de baixo calão, como CDF ('c. de ferro') e FDP ('filho da p.').

Um novo fenômeno, identificado na literatura recente (Fandrych, 2008), é o aumento das chamadas siglas reversas, nas quais os criadores partem de uma sigla de uso geral que querem reinterpretar e, a partir das letras, "encontram palavras que representem a ideia que pretendem veicular" (Szymanek, 2005: 435). Intenções irônicas são a força motriz por trás das reinterpretações jocosas em (49):

(49) MMA – Monte de Machos se Agarrando
    SUS – Sistema Único de Sacanagem
    CCE – Compra, Conserta e Estraga
    FIAT - Fui Inganado, Agora é Tarde
    UVA – União dos Vagabundos Aposentados
    UPP – União de Policiais Pervertidos

De todos os processos não concatenativos de formação de palavras, os mais importantes, em função do papel que vêm desempenhando na morfologia do português, são o cruzamento vocabular e o truncamento. Comecemos com os cruzamentos.

CRUZAMENTO VOCABULAR

De acordo com Fandrych (2008), o termo *cruzamento* é metafórico, já que vem a ser utilizado em referência à mistura de fragmentos de palavras existentes. Nesse sentido, as formas resultantes refletem, iconicamente, suas palavras-matrizes. Em português, cruzamentos – também chamados de *blends* lexicais (Gonçalves, 2005a), palavras-valise (Alves, 1990) e FUVES (fusões vocabulares expressivas) (Basilio, 2010) – consistem de dois elementos, uma característica que os torna semelhantes a compostos. No entanto, ao contrário da composição, seus constituintes não são morfemas plenos, mas partes de palavras, como em *crentino* (*crente* + *cretino* = 'evangélico falso'), *lixeratura* (*lixo* + *literatura* = 'literatura de má qualidade') e *aborrecente* (*adolescente* + *aborrece* = 'adolescente que aborrece').

Cruzamentos são menos transparentes que compostos e tendem a ser utilizados para chamar a atenção em textos publicitários, jornalísticos e literários, tendo, por isso mesmo, curta duração, em decorrência de sua efemeridade (Adams, 2001: 141). São bastante populares por causa de sua criatividade (Fandrych, 2008). De acordo com Stockwell e Minkova (2001: 07), cruzamentos constituem "uma área da formação de palavras, em que a inteligência pode ser recompensada pela popularidade instantânea". Crystal (1995: 130) concorda que esse tipo de formação "parece ter aumentado em popularidade na década de 1980, sendo cada vez mais utilizado em contextos comerciais e de publicidade"; no entanto, "permanece uma questão em aberto se são usados por mais de uma década" (Szymanek, 2005: 434). Alguns exemplos bastante recentes são listados em (50), a seguir, todos extraídos de Andrade (2008):

Atuais tendências em formação de palavras

(50) celebutante (celebração + debutante)

pilantropia (pilantra + filantropia)

presidengue (presidente + dengue)

Ronalducho (Ronaldo + gorducho)

Rouberto (roubo + Roberto (Jefferson))

urubuservar (urubu + observar)

craquético (craque + caquético)

daslucro (Daslu + lucro)

escragiário (escravo + estagiário)

Jeguerino (jegue + Severino (Cavalcanti))

nepetismo (nepotismo + petê (PT))

Petelho (petê (PT) + pentelho)

O cruzamento vocabular, doravante CV, vem sendo definido como um processo de formação de palavras que consiste na fusão de duas bases, como em *mautorista* (junção de *mau* com *motorista* = 'motorista sem perícia') e *craquético* (mistura de *craque* com *caquético* = 'craque com péssima aparência física, em geral ocasionada pelo consumo de drogas, sobretudo *crack*'). Apesar de relevância do fenômeno tanto para a análise de questões fonológicas quanto para a descrição de fenômenos semânticos, o CV tem recebido pouca atenção nos estudos morfológicos contemporâneos, merecendo não mais que menções em nota de rodapé. Bauer (1988: 39) sumariza o status periférico do CV da seguinte maneira: é extremamente duvidoso se tais palavras podem ser analisadas em morfes e mais duvidoso ainda se constituem objeto real da morfologia.

CVs podem ser distribuídos em três grandes grupos de processos de formação de palavras (Gonçalves e Almeida, 2004, 2007; Andrade, 2008). O primeiro deles – e o mais produtivo na língua – é chamado de **entranhamento lexical** e consiste na fusão de duas palavras pela interposição de uma à outra. Do ponto de vista fonológico, as duas palavras-matrizes são literalmente superpostas, de modo que um ou vários segmentos são compartilhados. A maior ou menor quantidade de material fônico comum depende do grau de semelhança fônica entre as palavras fundidas. Desse modo, há casos em que uma palavra aparece integralmente "dentro" da outra, como em *burrocracia*, em que a menor forma de base (*burro*) está totalmente contida na maior (*burocracia*).

Um segundo tipo de formação também considerada CV é a chamada **combinação truncada**. Esse processo, que se assemelha à composição bem mais que o primeiro, não necessariamente envolve o compartilhamento de material fonológico. Podemos assumir, como em Basilio (2005), que há, nesse caso, um tipo de composição em que uma palavra componente é truncada (isto é, sofre encurtamento; perde massa fônica) e se une à outra, igualmente truncada ou não. De um modo geral, o significado do produto corresponde a uma combinação quase sempre transparente dos significados de ambas as palavras. Tal é o caso de *portunhol*, em que as duas palavras

Atuais tendências em formação de palavras

são truncadas, e *batatalhau*, forma em que apenas uma das bases é encurtada (no caso, *bacalhau*).

O último fenômeno igualmente descrito como cv é a **substituição sublexical** (ssl). Nesse caso, uma sequência fonológica de uma das palavras é interpretada morfologicamente e substituída. Gonçalves (2006) e Gonçalves, Andrade e Almeida (2010) mostram que, em tais casos de cv, uma parte de uma das palavras é alçada à condição de base, por se assemelhar a uma forma livre da língua, e cede lugar a uma "palavra invasora", que a substitui. Tal é o caso, entre outras, de *boacumba* e *boadrasta*, em que a sequência *ma-*, que remete ao adjetivo *má*, é alçada à condição de base e substituída por *boa*, levando à designação de 'macumba branca, para o bem' e 'madrastra boa como mãe'.

Em linhas gerais, os produtos lexicais dos dois últimos processos (combinação truncada e ssl) têm em comum, em relação ao *designatum*, um caráter mais descritivo e menos avaliativo. Sendo, portanto, menos subjetivos que os produtos do entranhamento lexical, as formas resultantes de um processo de combinação truncada ou ssl são mais designativas. Assim, *lambaeróbica*, uma combinação truncada, designa 'uso da lambada como atividade aeróbica' e *internauta*, um caso de reanálise, remete, metaforicamente, a uma 'navegador da internet'. Esses casos, portanto, envolvem nomeação, evidenciando a chamada **função de rotulação** (cf. capítulo "Por que criamos palavras novas?").

Por outro lado, em *boilarina* e em *chattoso*, há, indiscutivelmente, um comentário embutido; nessas formas, há clara explicitação de um julgamento por parte de quem as enuncia, já que considera a bailarina gorda (como um boi) e o ilustre linguista Mattoso Câmara Jr., chato. Dito de outra maneira, CVs também podem apresentar **função atitudinal**.

TRUNCAMENTO

O processo de *clipping* (ou truncamento) está por trás de outra grande parcela de neologismos no português contemporâneo. De acordo com Plag (2003: 116), é "o processo em que a relação entre uma palavra derivada e sua base é expressa pela falta de material fonético na palavra derivada". Para Gonçalves (2011c), truncamento é processo pelo qual uma palavra-matriz é encurtada sem distanciamento de significado, mas com frequente "mudança no valor estilístico da palavra" (Bauer, 1988: 33). Segundo Gonçalves (2011c), truncamentos, em português, podem ou não ser efetuados em constituintes morfológicos. Nos compostos neoclássicos, os elementos de primeira posição podem, pelo processo, ser utilizados sozinhos em referência a todo o composto de onde foram extraídos, adquirindo, com isso, estatuto de palavra. É o que se vê nos dados em (51), a seguir, utilizados tanto na fala quanto na escrita:

Atuais tendências em formação de palavras

(51) Tive que fazer dois *eletros*.

Meu filho passou para *odonto*.

Comprei dois *micros*.

Meus *oftalmos* são excelentes.

Fiz duas *ultras* ontem.

A faculdade só tem quatro *retros*.

Estou fazendo *psico/sócio*.

Tenho que me consultar com um *neuro*.

Meus filhos são *héteros*.

Tenho um irmão *homo*.

A casa dispõe de duas *hidros*.

Preciso urgentemente de um *pneumo*.

Hoje vou ao *zoo*.

Minha prima é *fono*.

O *gastro* de lá é péssimo.

Já fiz dois *cardios*.

Os prefixos composicionais, analisados no capítulo "Mudanças na importância relativa dos tipos de processos de formação de palavras", são exemplares típicos de formações por truncamento, pois, como dissemos, são formas encurtadas que projetam palavras prosódicas próprias e, como resultado, podem adquirir licenciamento para atuar como palavra morfológica independente. Como os radicais neoclássicos em (51), também os prefixos composicionais em (52) veiculam o significado da palavra complexa de que emergem:

Os processos não concatenativos de formação de palavras

(52) Fulano conseguiu passar para a *pós* em Linguística.

Finalmente consegui comprar meu *micro*; estou viciado na *net*.

Com o empréstimo que o banco me fez, montei uma pequena *micro*.

Beltrano está fazendo o *pré*. Espero que dessa vez ele passe no vestibular.

Nesse sistema de truncamento, preserva-se sempre o elemento à esquerda, caracterizado como determinante da construção morfologicamente complexa. Em outras palavras, esse padrão não aproveita a cabeça lexical da forma composta (*odontologia*) ou prefixada (*pré-vestibular*), que, no entanto, determina o gênero do produto. Dessa maneira, *pós-*, apesar de não se especificar quanto ao gênero, já que é um prefixo, passa a ser categorizado como feminino após o processo, adquirindo *status* de forma livre e, consequentemente, de palavra. O caso de *micro*, em (52), é ainda mais elucidativo, pois pode ser feminino, caso se refira à empresa, ou masculino, caso usado em referência a *micro-ondas*, por exemplo.

Truncamentos, no entanto, podem incidir em elementos não morfêmicos, a exemplo de *profe* (< *professor*), *refri* (< *refrigerante*) e *visu* (*visual*). Bauer (1988: 33) duvida do estatuto morfológico desse tipo de operação:

> uma vez que as partes excluídas [...] não são claramente morfes em qualquer sentido, não é necessariamente o caso de o *clipping* fazer parte da morfologia, embora seja uma maneira de formar novas unidades.

Para Fandrych (2008: 116), no entanto, o truncamento "é certamente um processo de formação de palavras", pois, "em muitos casos, testemunhamos desassociação semântica", já que o encurtamento "muda registros ou estilos em comparação aos seus equivalentes completos". Sem dúvida alguma, é isso o que acontece com os exemplos em (53), a seguir, extraídos de Gonçalves (2011c):

(53) português – portuga   delegado – delega
      baterista – batera   salafrário – salafra
      proletário – proleta   cocaína – coca
      vestibular – vestiba   comunista – comuna
      Maracanã – Maraca   cerveja – cerva
      vagabunda – vagaba   grã-fino – granfa
      São Paulo – Sampa   mal-criado – malcra
      free-lancer – frila

O padrão acima exemplificado requer acesso à informação morfológica e prosódica. Em (53), encontramos palavras formadas por uma raiz (ou parte dela) acrescida de um índice temático, *-a*, componente de modo algum relacionado ao gênero (ao contrário, todas as formas são comuns de dois). Em *cerva*, por exemplo, a raiz de base (*cervej-*) não está totalmente presente na forma truncada, mas, como *batera*, os cortes são feitos na penúltima sílaba, sempre formando um pé troqueu na borda direita da forma encurtada.

Do ponto de vista expressivo, tais truncamentos quase sempre são marcados, uma vez que a maioria tem "caráter depreciativo, afetivo ou de deboche" (Santos, 2002: 31), sendo utilizada em estilos menos formais ou em situações de fala que "pressupõem maior grau de intimidade entre os interactantes, predominantemente adolescentes" (Santos, 2002: 33). De fato, formas como *sapa*, *vagaba* e *profissa* são extremamente pejorativas, revelando o ponto de vista do falante sobre o que diz. Sem dúvida, as formações de (53), ao contrário das de (51) e (52), são mais restritas à fala, aparecendo, na mídia escrita, basicamente (i) em seções destinadas ao público jovem ("Caderno Teen", do extinto *Jornal do Brasil*), (ii) nas colunas de esportes e (iii) em textos assinados, sobretudo por Agamenon Mendes Pedreira, do jornal *O Globo*.

Há, ainda, outro tipo de truncamento, caracterizado apenas pela retirada de parte do corpo fônico do derivante. Não existe morfema preestabelecido de truncamento, uma vez que não se acrescenta qualquer segmento à forma encurtada, como se vê nos dados abaixo:

(54) refrigerante – refri   prejuízo – preju
     motorista – motô   visual – visu
     bijuteria – biju   falsificado – falsi
     exposição – expô   depressão – deprê
     tatuagem – tatu   razoável – razu
     mocreia – mocré   social – soci

Nesse tipo de truncamento, a acentuação é sempre oxítona e o produto, consequentemente, atemático. Nos dados em (54), percebe-se que a vogal acentuada no truncamento faz parte da base e pode se localizar na sílaba acentuada secundariamente, como é o caso de *refrigerante* e *profissional*, ou não, como em *tatuagem* e *social*. Esses truncamentos não são depreciativos, mas são interditados em alguns tipos de contextos interacionais, aparecendo raras vezes em amostras de língua escrita mais conservadoras, quase sempre ironicamente.

No capítulo seguinte, intitulado "Surgimento de novos formativos", mostramos que tanto o cruzamento vocabular quanto o truncamento devem ser tratados no âmbito da formação de palavras pelo simples fato de, apesar de não morfêmicos, estarem na base da criação de novos morfemas. Esse é um argumento forte para abordar tais processos no âmbito da formação de palavras, ao contrário do que sugerem, entre outros, Štekauer (1998) e Haspelmath (2002), já que podem projetar sequências fônicas à condição de formas combinatórias iniciais ou finais.

Surgimento
de novos formativos

A criação de constituintes morfológicos pode ser definida "como um caso em que novo afixo estabeleceu-se por si só porque falantes começaram a percebê-lo em um grupo de palavras emprestadas" ou porque "reinterpretaram determinada palavra existente (que pode ser nativa ou estrangeira)" (Szymanek, 2005: 435). No primeiro caso, tem-se o uso dos chamados xenoconstituintes (Gonçalves e Almeida, 2012), como *ciber-*, *wiki-* e *e-*, que, combinados com bases nativas, formam palavras como *ciberavó* ('avó moderna, "antenada" com as novas tecnologias digitais'), *wikiaves* ('enciclopédia digital sobre aves') e *e-professor* ('professor virtual'). No segundo caso, de acordo com Rundblad e Kronenfeld (2000: 28), o fenômeno pode ser visto como um espécie de etimologia popular (*folk etymology*): "palavras opacas são, curiosamente, na medida em que suas formas permitem, muitas vezes reinterpretadas como compostos ou afixações que consistem de duas partes", a exemplo de *madrasta* e *patrocínio*, analisadas como *má--drasta* e *pa(i)-trocínio*, o que licencia as formas em (55):

Atuais tendências em formação de palavras

(55) sogradrasta, irmãdrasta, tiadrasta, avódrasta, paidrasto, primadrasta;
tiotrocínio, mãetrocínio, avôtrocínio, irmãotrocínio, autotrocínio.

SPLINTERS NÃO NATIVOS (OS XENOCONSTITUINTES)

Gonçalves e Almeida (2012) observam que vem sendo cada vez mais frequente, especialmente em áreas como a informática e o comércio eletrônico, o emprego de elementos morfológicos recém-criados em inglês a partir de processos como o truncamento e a abreviação, a exemplo, nessa ordem, de *ciber-* (encurtamento de *cybernetics*) e *e-* (abreviação de *eletronic*). Para os autores

> essa situação – que pode parecer banal à primeira vista, já que são bastante comuns empréstimos do inglês nessas áreas – vem favorecendo a acentuada proliferação de elementos não nativos nas estruturas morfológicas do português. (2012: 105)

De fato, formativos como esses também se adjungem a bases vernáculas e, por isso mesmo, formam hibridismos e "criam esquemas de formação de palavras que acabam se conformando aos padrões construcionais existentes na língua (Gonçalves e Almeida, 2012: 106). Na Tabela 5, a seguir, enumeram-se e exemplificam-se os xenoconstituintes em uso no português contemporâneo:

86

Surgimento de novos formativos

Tabela 5 – Relação dos principais xenoconstituintes em uso no português.

Elementos	Forma de origem	Significado	Exemplos
ciber-	*cybernetics*	'digital'	*ciber*ataque, *ciber*café, *ciber*crime, *ciber*cultura, *ciber*espião, *ciber*guerra
wiki-	*Wikipedia*	'enciclopédia virtual sobre'	*wiki*novela, *wiki*aves, *wiki*flora, *wiki*juris, *wiki*mapia, *wiki*-imagem
e-	*eletronic*	'pelo computador'	*e*-comunidade, *e*-vendas, *e*-negociação, *e*-chantagem, *e*-mediador, *e*-professor
i-	*iPod*	'pessoal'; 'meu'	*i*Phone, *i*Mac, *i*-Tablet, *i*-namoro, *i*-amigo
pit-	*pitbull*	'agressivo'	*pit*babá, *pit*pai, *pit*bicha, *pit*bebê, *pit*sogra, *pit*namorado
-leaks	*Wikileaks*	'vazamento de informação'	Amazônia-*leaks*, Nikiti-*leaks*, Planalto-*leaks*, Lula-*leaks*, PT-*leaks*, Orkut-*leaks*
-gram	*Instagram*	'foto digital de'	pobre*gram*, favela*gram*, futi*gram*
-gate	*Watergate*	'escândalo'	banheiro*gate*, Piquet-*gate*, panetone*gate*, maleta*gate*, Mônica-*gate*
-cast	*podcast*	'transmissão pelo celular'	jornal*cast*, série*cast*, nerd*cast*
-Tube	*YouTube*	'pela internet'	UFF*Tube*, pornô*Tube*, IURD*Tube*, brasileirão*Tube*
-búrguer	*hamburger*	'sanduíche'	X-*búrguer*, fran*búrguer*, Bobs-*búrguer*, fish*búrguer*, egg*búrguer*

Bauer (2004: 105) faz as seguintes previsões a respeito de partículas como essas:

> *Splinters* podem ter qualquer um destes [...] destinos possíveis. Podem tornar-se afixos produtivos. Isto parece ser o que aconteceu com *nomics*, [...] embora seja de produtividade muito baixa. Eles podem ainda se tornar palavras independentes. Isso foi o que aconteceu a *burger*, originalmente uma reanálise de *hamburger*, que aparece em *beefburger* e *cheeseburger*.

No capítulo "Lexicalização de afixos", mostraremos o que aconteceu com *burger* em português. Podemos adiantar, desde já, que houve, em nossa língua, processo bem parecido com o do inglês, em que uma parte foi reinterpretada e substituída, em moldes bem semelhantes aos descritos no capítulo "Formações analógicas e decomposições sublexicais".

SPLINTERS NATIVOS

Na segunda situação acima apontada, reinterpretação de palavra preexistente, o uso do formativo recém-criado pode, inicialmente, ser atribuído à ação da analogia, tal como definida no capítulo "Formações analógicas e decomposições sublexicais". Nesse caso, no entanto, não temos formações isoladas, características de relações entre pares de palavras. Aqui, uma sequência fônica reinterpretada pode tornar-se recorrente e criar séries de palavras. Os constituintes na Tabela 6, a seguir, analisados em Gonçalves (2012), são usualmente combinados com pedaços de palavras ou com palavras inteiras:

Surgimento de novos formativos

Tabela 6 – Relação dos principais *splinters* em português.

Formas	Exemplos	Palavra-modelo	Significado nas novas formações
-*drasta*	sogra*drasta*; pai*drasto*	madrasta	parente por empréstimo
-*lé*	saco*lé*; suco*lé*; whisky*lé*	picolé	picolé de
-*nejo*	pago*nejo*; quinta*neja*	sertanejo	sertanejo
-*nese*	macarro*nese*; ovo*nese*	maionese	salada de maionese com
-*ranha*	secreta*ranha*; professo*ranha*	piranha	prostituta
-*tone*	sorve*tone*; choco*tone*	panetone	panetone de
-*trocínio*	tio*trocínio*; auto*trocínio*	patrocínio	financiamento por
-*lândia*	craco*lândia*; macaco*lândia*	disneylândia	lugar em que concentra
caipi-	*caipi*fruta; *caipi*vodka	caipirinha	caipirinha
fran-	*fran*búrguer; *fran*filé	frango	frango
choco-	*choco*tone; *choco*mania	chocolate	chocolate
euro-	*euro*dólar; *euro*túnel	Europa, europeu	Europa; europeu
info-	*info*peças; *info*professor	informática; informação	informática; informação
narco-	*narco*tráfico; *narco*dólar	narcótico	droga
piri	*piri*gótica; *piri*crente; *piri*prima	piriguete	mulher sensual
uni	*UNI*OESTE; *UNI*GRANRIO; *UNI*RIO	universidade	universidade

89

As dez primeiras partículas da Tabela 6 provêm de fenômenos de cruzamento vocabular (CV). Por exemplo, a sequência *-nese*, que não corresponde a nenhum constituinte morfológico em *maionese*, foi isolada a partir do CV *macarronese* ('maionese de macarrão'), que favoreceu a criação de palavras em série por meio da substituição, à esquerda, do ingrediente contido, em abundância, na salada feita com maionese: *ovonese* ('salada de maionese com ovo'), *camaronese* ('salada de maionese com camarão'), *bacalhonese* ('salada de maionese com bacalhau'). Os seis últimos elementos são formas recorrentes oriundas de truncamentos que não incidem em elementos morfêmicos. De fato, *info-*, *euro-*, *narco-*, *piri-*, *uni-* e *choco-* não têm qualquer estatuto morfológico nas formas que lhes deram origem.

Na literatura atual, tais partículas recebem o nome de *splinters*: elementos que, como os afixos, ocorrem numa borda específica da palavra, mas, em função de seus significados, correspondem a palavras. *Splinters*, portanto, formam uma classe à parte, situada entre radicais e afixos (Bauer, 1988; Warren, 1990; Lehrer, 1998). Dessa maneira, truncamentos e cruzamentos desempenham importante papel na morfologia do português, já que podem formar *splinters*, deixando, com isso, de ser interpretados como exclusivamente não morfêmicos. De acordo com Booij (2005, 2007), *splinters* participam de esquemas de formação de palavras semelhantes aos da derivação e composição.

Danks (2003) ressalta que a alta produtividade de um *splinter* pode fazer com essa entidade adquira estatuto de afixo e, nesse aspecto, entende que nem todas as partes envolvidas em palavras provenientes do mecanismo de CV devem ser consideradas *splinters*. Posição semelhante é adotada por Chung (2009), que procura, como sugere o título do seu trabalho, "colocar os cruzamentos em seu devido lugar", distinguindo-os de formações com *splinters*. Lehrer (2007: 121) adota a mesma postura, ao afirmar que

> Quando um *splinter* torna-se tão comum a ponto de as pessoas começarem a usá-lo frequentemente, pode perder sua conexão com a palavra-fonte e ser considerado um morfema por direito próprio. Obviamente, uma vez que haja uma escala de *splinters* completamente originais para morfemas completamente convencionais, a transição de *splinter* para morfema principal independente é um processo diacrônico.

Observe-se, nos exemplos a seguir, em (b) e (c), que o significado da nova forma evoca o da construção de origem. Nas palavras em (a), casos mais próximos da sufixação (Gonçalves, 2011b), isso não necessariamente acontece:

(56) a. olhômetro, impostômetro, bodódromo, fumódromo, sapatólatra, chocólatra.
  b. chocolícia, chocomania, caipifruta, capisaquê, piri-crente, piriprima.
  c. mãetrocínio, tiotrocínio, sorvetone, iogurtone, sacolé, sucolé.

Com a pequena amostra em (56), percebe-se que formas resultantes de truncamentos (b) e cruzamentos vocabulares (c)

Atuais tendências em formação de palavras

são interpretadas sempre considerando uma forma plena. Por exemplo, *eurocopa* é a 'copa da Europa', *chocomania*, a 'mania de chocolate' e *sorvetone* e *tiotrocínio*, nessa ordem, 'panetone de sorvete' e 'patrocínio pelo tio'. Nas formas em (a), ao contrário, os elementos à direita apresentam significado mais genérico, caracterizando algum tipo de medida (as com -*metro*), um local (as terminadas em -*dromo*) e um viciado (as finalizadas em -*latra*). Pode-se afirmar, portanto, que os elementos morfológicos em (56b, 56c) apresentam maior grau de dependência das formas plenas de onde resultaram, atualizando significados mais lexicais que os encontrados nas formas em (56a), cuja interpretação do produto independe da vinculação a palavra-matriz específica. De fato, a interpretação de *sapatólatra* ('adorador(a) de sapatos') não necessariamente remete a *idólatra* ou a *alcoólatra*. Do mesmo modo, *impostômetro* ('letreiro luminoso que indica a importância paga em impostos por minuto') não depende de palavra específica em *metro* para ser interpretada. Diferente acontece com os *splinters*, que, ao que tudo indica, ainda mantêm forte conexão com suas formas de base e, por isso mesmo, são interpretados a partir delas: por exemplo, *sacolé* é um 'picolé em saco' e *caipivodka*, 'caipirinha feita com vodka'.

Resta falar de um último recurso que parece ter proliferado nos dias de hoje: a recomposição.

Recomposição

Em português, assim como em inglês, há formativos que se situam entre a classe dos radicais e a classe dos afixos: são os chamados afixoides (Gonçalves e Oliveira, 2013), elementos que participam do processo de recomposição (Monteiro, 1987; Cano, 1998). Referimo-nos a partículas como *bio-*, *petro-*, *eco-*, *homo-*, *tele-*, entre tantas outras. Isolados, tais elementos são sempre referenciados como característicos de uma linguagem mais técnica, erudita, devendo ser tratados como formalmente aprendidos, "uma vez que não são produtos da evolução natural; têm sido recuperados das línguas clássicas, principalmente nos últimos dois séculos" (Ralli, 2010: 02). No entanto, as novas formações distanciam-se dos eruditismos mais antigos e experimentam usos até bastante populares, como comprovam os exemplos em (57), a seguir:

(57)

*eco*turismo	*homo*afetivo	*bio*combustível	*tele*ssexo
aero-Lula	*auto*peças	*tecno*macumba	*petro*dólar

Sem dúvida alguma, as formações em (57) apresentam elementos morfológicos que de fato parecem afixos: além de recorrentes e com alta aplicabilidade a itens lexicais nativos, tais formativos se fixam numa posição específica na estrutura da palavra, podendo, por isso, ser descritos por meio de esquemas de formação bastante parecidos com os projetados por afixos.

De acordo com Gonçalves (2011a: 13), tem-se recomposição quando "parte de uma palavra complexa é encurtada e adquire novo significado especializado ao se adjungir sistematicamente a formas com livre-curso na língua". As formações recompostas caracterizam o que pode ser denominado de compactação (*zipagem*): um arqueoconstituinte, isto é, um radical neoclássico, adquire, "numa relação de metonímia formal, o significado do composto de que era constituinte e atualiza esse conteúdo especializado na combinação com novas palavras" (Gonçalves, 2011b: 19).

Na recomposição, os elementos neoclássicos veiculam significado diferente do etimológico. Por exemplo, *auto-socorro* nomeia um 'tipo assistência técnica (socorro) para carros', *ecovia*, uma 'rodovia cercada por áreas verdes' e *aero-Lula*, o 'o avião do ex-presidente Lula'. Em resumo, a recomposição faz uso de elementos morfêmicos (radicais gregos e latinos) que se especializam semanticamente e adquirem novos usos. Na Tabela 7, listamos alguns afixoides ora utilizados no português brasileiro contemporâneo. A lista, sem dúvida, não é exaustiva; incluímos apenas os mais comuns:

94

Recomposição

Tabela 7 – Relação dos principais afixoides em uso no português contemporâneo.

Afixoide	Exemplos	Palavra-modelo	Significado nas novas formações
aero-	*aero*-Lula; *aero*modelismo	aeronave	avião
agro-	*agro*negócio; *agro*comércio	agronomia	agrícola
auto-	*auto*peças; *auto*escola	automóvel	carro
bio-	*bio*combustível; *bio*diesel	Biologia; biológico	biologia; biológico
eco-	*eco*taxa; *eco*via	ecologia; ecológico	ecologia; ecológico
foto-	*foto*montagem; *foto*estúdio	fotografia	fotografia
homo-	*homo*afetivo; *homo*fóbico	homossexual	gay
moto-	*moto*escola; *moto*ladrão	motocicleta	motocicleta
petro-	*petro*química; *petro*dólar	petróleo	petróleo
tecno-	*tecno*funk; *tecno*macumba	tecnologia; tecnológico	digital (referência a ritmo eletrônico)
tele-	*tele*pizza; *tele*ssexo	telefone; televisão	a distância
-nauta	inter*nauta*; cosmo*nauta*	astronauta	que navega por
-rreia	pentelho*rreia*; piolho*rreia*	seborreia	infestação de
-rragia	verbo*rragia*; cabelo*rragia*	hemorragia	queda/descarga profunda de
-rexia	orto*rexia*; frango*rexia*	anorexia	falta de alimentação por
-teca	marido*teca*; esmal*teca*	biblioteca	lugar em que se reúnem

Atuais tendências em formação de palavras

O novo significado do formativo muitas vezes concorre com o significado etimológico e, nesse caso, a fronteira entre um processo e outro nem sempre é tão evidente. O critério semântico, nesse caso, é fundamental para diferenciar o processo de recomposição da chamada composição neoclássica. Em relação à *auto-*, por exemplo, comparem-se as duas colunas de formas listadas em (58), a seguir:

(58) autodidata   autopeças
      autoestima   autoescola
      autoimagem   autoesporte
      autoatendimento   autoestrada
      autoajuda   autorrádio
      autoavaliação   autosseguro
      autoexame   autoshopping

Na primeira coluna, o formativo *auto-*, oriundo do substantivo grego *autós*, atualiza os significados '(de, pelo) próprio' e '(de, por) si mesmo'. De acordo com Gonçalves e Andrade (2014: 133), "a forma automóvel, apesar de mais opaca, enquadra-se nesse grupo, pois foi criada para designar um veículo que se movimenta com motor próprio, em oposição aos carros antigos, todos com tração animal". Na segunda coluna, aparecem formas recompostas, pois *auto-* deixa de veicular o significado etimológico e, nos termos de Belchor (2011: 161), é empregado em referência a alguma característica relevada no domínio "carro". Desse modo, *Autoesporte* é o nome de um 'programa de

Recomposição

televisão dedicado a esportes automotivos' e *autosseguro*, um 'seguro para veículos'.

Podemos afirmar, com base nessa descrição geral, que afixoides ostentam propriedades de radical e afixo, não se nivelando, no entanto, com nenhuma dessas categorias, já que apresentam características próprias, que legitimam o reconhecimento de uma classe distinta de formativos e, consequentemente, de um diferente processo de formação de palavras: a recomposição.

Resta abordar, por fim, a lexicalização de afixos, objeto do próximo capítulo.

Lexicalização de afixos

Por lexicalização de afixos, entende-se o "processo pelo qual afixos (ou formas combinatórias) adquirem o estatuto de item lexical independente, isto é, começam a funcionar como formas livres ou radicais" (Szymanek, 2005: 436). Um caso bem conhecido é o dos chamados prefixos composicionais (Schwindt, 2000), que, como vimos no capítulo "Surgimento de novos formativos", podem, pelo processo de truncamento, ser utilizados sozinhos em referência a uma palavra derivada de que são constituintes:

(59)
microcomputador, microempresa, micro-ondas → micro
pós-graduação → pós   ex-marido → ex   pré-vestibular → pré
vice-campeão → vice   subchefe → sub   bissexual → bi
extraordinário → extra   tricampeão → tri

Como são truncamentos, as formas reduzidas assimilam o significado do todo e adquirem o gênero da base (caso sejam marcadas por essa propriedade). O caso de *micro-* é bastante interessante nesse particular, pois pode ser feminino, caso faça referência à *microempresa* ('abri uma micro'), ou masculino, quando usado no lugar de *micro-ondas* ('coloquei a pipoca no micro'). Alguns se tornam comuns de dois gêneros, como ocorre, entre outros, com *ex* ('minha *ex* é ciumenta'; 'meu *ex* é, agora, meu amigo') e com *vice* ('tenho uma excelente *vice*'; 'meu *vice* é participativo').

Um caso de lexicalização de *splinter* já trazido da língua de origem é *burger*, resultado da decomposição sublexical (visto no capítulo "Neologismos derivacionais, formações *ex-nihilo* e *hapax legomenon*") *ham+burger*, em que a sequência *ham* formalmente se assemelha à palavra que nomeia *presunto* em inglês (*ham*), mas originalmente nada tem a ver com essa iguaria, uma vez que é um empréstimo: *hamburger* vem de *Hamburgo*, uma cidade da Alemanha. Com isso, *burger* passa a denominar o próprio sanduíche e se combina com outras palavras para referenciar outros ingredientes contidos na iguaria: *fishburger, chickenburger, cheeseburger*.

Quando a palavra *cheeseburguer* chega ao português, passa por um processo bastante interessante: em decorrência de a pronúncia de 'queijo' (*cheese*) se assemelhar à da letra X (*xis*), essa unidade passa a designar o próprio sanduíche. Dessa maneira, X referencia o próprio hambúrguer e se a carne for frango, tem-se 'X-frango'; se for de picanha, 'X-picanha' e assim por diante: 'X-bacon', 'X-alcatra', 'X- filé', 'X-lombinho' etc.

A letra X, portanto, passa a designar o próprio sanduíche, adquirindo, com isso, estatuto de radical na formação de novos compostos. Nem de longe lembra o opaco *cheese* do inglês, já que aparece, inclusive, em *X-queijo*. Perini-Santos e Melo (2011: 22) elencam várias construções X-N, em que o elemento à direita especifica o conteúdo mais saliente do sanduíche. Em (60a), observam-se usos mais descritivos, em oposição a (60b), exemplos que os autores denominam de "metafóricos, metonímicos ou jocosos":

(60) a. X-salada, X-polenta, X-coração, X-ovo, X-batata, X-banana, X-peixe, X-presunto, X-peru, X-peru--bacon, X-calabresa.

    b. X-tudo, X-tudão, X-saturno, X-vênus, X-monstro, X-princesa, X-montanha, X-vegana.

Um caso de lexicalização hoje em evidência é o de *super-*. Sem dúvida, *super-* está deixando de ser um prefixo para se tornar um verdadeiro advérbio de intensidade, figurando, inclusive em posições diferentes em relação ao verbo, como se observa nos exemplos a seguir, extraídos de Goulart (2011: 2509):

(61) "super pose de ator de Hollywood";
    "super combina"; "está super procurando";
    "o casal está super se curtindo";
    "rola super, né?"; "se está solteiro? Super!".

Atuais tendências em formação de palavras

Em todos esses exemplos, *super* não pode ser considerado um prefixo, pois prefixo que é prefixo jamais aparece antes de preposições (*super de bem com a vida*) ou no meio de perífrases verbais (*está super procurando*), incluindo formas com pronome reflexivo (*super se curtindo*). Além disso, não ocorre em posição pós-verbal (*rola super, né?*) e muito menos livremente sem evocar a palavra de que se desprendeu (*Super!*). Podemos afirmar, com isso, que *super* vem se comportando como advérbio, adquirindo, assim, estatuto de palavra gramatical.

Palavras finais

Esperamos ter dado evidências, nesta despretensiosa contribuição, de que a formação de palavras em português também se mostra inovadora e, como defende Szymanek (2005: 446), em quem nos inspiramos, "mantém muitas pessoas ocupadas: em primeiro lugar, o usuário comum, o jornalista ou homem da mídia, o escritor e o *copywriter*, e todos as outras pessoas que gostam de testar, de tempos em tempos, os limites da criatividade morfológica". Em função da diversidade de usos, a formação de palavras obviamente mantém ocupados principalmente os morfólogos, que precisam estar atentos às constantes criações e descrever, com o devido rigor, os recentes dispositivos de que o usuário lança mão, conscientemente ou não, para nomear novas atividades ou para expressar pontos de vista.

Bibliografia

ADAMS, V. *Complex words in English*. Harlow: Longman, 2001.

ALENCAR, J. *Diva*. Rio de Janeiro: B. L. Gamir, 1864.

ALMEIDA, M. L. L. *Bolsas e cabeças de todos os tipos*. Comunicação apresentada no II Seminário do NEMP. Rio de Janeiro: UFRJ, 2010, mimeo.

ALVES, I. M. *Neologismo*. São Paulo: Ática, 1990.

ALVES, J. B. dos S. *Morfopragmática das formações truncadas no português do Brasil*. Rio de Janeiro, 2002. Dissertação (Mestrado em Letras Vernáculas) – UFRJ.

ANDRADE, K. E. *Uma análise otimalista unificada para mesclas lexicais do português do Brasil*. Rio de Janeiro, 2008. Dissertação (Mestrado em Letras Vernáculas) – UFRJ.

_____. *Proposta de continuum composição-derivação para o português do Brasil*. Rio de Janeiro, 2013. Tese (Doutorado em Letras Vernáculas) – UFRJ.

ARONOFF, M. *Word Formation in Generative Grammar*. Cambridge, MA: The MIT Press, 1976.

ASSUNÇÃO, F. P.; GONÇALVES, C. A. A humorfologia dos cruzamentos vocabulares em Português: análise da coluna de Agamenon, de o Globo. *Veredas*. Juiz de Fora, UFJF, v. 13, n. 1, pp. 57-71, 2009.

BASILIO, M. *Teoria Lexical*. São Paulo: Ática, 1987.

_____. O princípio da analogia na constituição do léxico: regras são clichês lexicais. *Veredas*. Juiz de Fora, UFJF, v. 1, pp. 9-21, 1997.

_____. Fusão Vocabular como Processo de Formação de Palavras. Anais *do IV Congresso Internacional da ABRALIN*. Brasília, UnB, 2005.

_____. Fusão vocabular expressiva: um estudo da produtividade e da criatividade em construções lexicais. *Textos Seleccionados*, XXV Encontro Nacional da Associação Portuguesa de Linguística. Porto, APL, pp. 201-10, 2010.

Atuais tendências em formação de palavras

BAUER, L. *English Word-Formation*. Cambridge: Cambridge University Press, 1983.

_____. *Introducting to Linguistic Morphology*. Edinburgh: Edinburgh University Press, 1988.

_____. *Morphological Productivity*. Cambridge: Cambridge University Press, 2001.

_____. English prefixation – a typological shift? *Acta Linguistica Hungarica*. New Mexico, v. 50, n. 1, pp. 33-40, 2003.

_____. *A Glossary of Morphology*. Washington, DC. Georgetown Univ. Press, 2004.

_____. The borderline between derivation and compounding. In: DRESSLER, W. et al. (eds.). *Morphology and its Demarcations*. Amsterdam/Philadelphia: John Benjamins Publishing Company, pp. 97-108, 2005.

BECHARA, E. *Gramática da Língua Portuguesa*. Rio de Janeiro: Grifo, 1983.

BELCHOR, A. P. V. *Construções de truncamento no português do Brasil*: análise estrutural à luz da Teoria da Otimalidade. Rio de Janeiro, 2009. Dissertação (Mestrado em Letras Vernáculas) – UFRJ.

_____. O processo de recomposição no português do Brasil a partir de *auto* e *moto*. *Cadernos do NEMP*, v. 2, n. 1, pp. 153-70, 2011.

BOOIJ, G. *The Morphology of Dutch*. Oxford: Oxford University Press, 2002.

_____. Compounding and Derivation: Evidence for Construction Morphology. In: W. DRESSLER et al. (eds.). *Morphology and its Demarcations*. Amsterdam/ Philadelphia: John Benjamins Publishing Company, 2005, pp. 109-31.

_____. Construction morphology and the lexicon. In: MONTERMINI, F.; BOYÉ, G.; HARBOUT, N. (eds.). *Selected proceedings of the 5th Décembrettes*: Morphology in Toulouse. Somerville, MA.: Cascadilla Press, 2007, pp. 34-44.

BUENO, Francisco da Silveira. *Grande dicionário etimológico-prosódico da língua portuguesa*. São Paulo: Lisa, 1988.

CANO, W. M. O Formativo tele- e suas variantes no português atual do Brasil. *Alfa*. São Paulo, v. 42, pp. 9-22, 1998.

CARONE, F. B. *Morfossintaxe*. São Paulo: Ática, 1990.

CASTRO DA SILVA, C. *A formação de verbos parassintéticos em português*. Rio de Janeiro, 2012. Dissertação (Mestrado em Língua Portuguesa) – UFRJ.

CHUNG, K. S. *Putting blends in their place*. Trabalho apresentado em Conferência sobre Universais e Tipologia em Formação de Palavras. Universidade P. J. Šafárik, Košice, Slovakia, realizado em 18 e 19 de agosto de 2009.

COUTINHO, I. L. *Pontos de gramática histórica*. Rio de Janeiro: Ao Livro Técnico, 1973.

CRYSTAL, D. *The Cambridge Encyclopedia of the English Language*. Cambridge: Cambridge University Press, 1995.

CUNHA, A. G. *Dicionário etimológico da língua portuguesa*. Rio de Janeiro: Nova Fronteira, 1975.

CUNHA, C.; CINTRA, L. *Nova gramática do português contemporâneo*. Rio de Janeiro: Nova Fronteira, 1985.

DANKS, D. *Separating Blends*: A formal investigation of the blending process in English and its relationship to associated word formation processes. Liverpool: University of Liverpool, 2003.

Bibliografia

DUARTE, P. M. T. Contribuição para o Estudo do Pseudoprefixo em Português. *DELTA*. São Paulo, v. 15, n. 2, 1999.

_____. Fronteiras Lexicais: sugestão para uma delimitação dos prefixoides em português. *Revista Philologus*. Rio de Janeiro: CIFEFIL, ano 14, n. 42, 2009.

FANDRYCH, I. *Submorphemic Elements in the Formation of Acronyms, Blends and Clippings*. Lexis – E-Journal in English Lexicology 2: Submorphemics, 2008. Disponível em: <http://lexis.univ-lyon3.fr/IMG/pdf/Lexis2Fandrvch-2.pdf>. Acesso em: 19 fev. 2016.

FARIA, A. *Análise morfossemântica dos compostos nominais transferenciais*. Rio de Janeiro, 2011. Tese (Doutorado em Letras Vernáculas) – Faculdade de Letras, UFRJ.

GÓES, Carlos. *Dicionário de afixos e desinências*. Rio de Janeiro: Francisco Alves, 1937.

GONÇALVES, C. A. V. Formações x-eiro: um estudo sobre produtividade Lexical. *Expressão*. Teresina, v. 1, n. 3, pp. 9-29, 1995.

_____. Blends lexicais em português: não concatenatividade e correspondência. *Veredas*. Juiz de Fora, UFJF, v. 14, n. 1, pp. 16-35, 2003.

_____. *Flexão e Derivação em Português*. 1. ed. Rio de Janeiro: UFRJ, 2005a.

_____. Relações de identidade em modelos paralelistas: morfologia e fonologia. *DELTA*. São Paulo, v. 21, n. 1, pp. 75-119, 2005b.

_____. Usos morfológicos: os processos marginais de formação de palavras em português. *Gragoatá*. Niterói, UFF, v. 21, pp. 219-42, 2006.

_____. *Iniciação aos estudos morfológicos*. São Paulo: Contexto, 2011a.

_____. Composição e derivação: polos prototípicos de um *continuum*? Pequeno estudo de casos. *Domínios da Lingu@gem*. Uberlândia, v. 5, n. 2, pp. 63-94, 2011b.

_____. Compostos neoclássicos: estrutura e formação. *REVEL*. Porto Alegre, n. 9 (especial), pp. 5-37, 2011c.

_____. Construções truncadas no português do Brasil: das abordagens tradicionais à análise por ranking de restrições. In: COLLISCHONN, G.; BATTISTI, E. (orgs.). *Língua e linguagem*: perspectivas de investigação. Porto Alegre: EDUCAT, 2011d, pp. 293-327.

_____. A morfologia da operação lava-jato. *Cadernos do NEMP*. Rio de Janeiro, n. 6, v. 1, pp. 83-5, 2015.

_____; ALMEIDA, M. L. L. Cruzamento vocabular no português brasileiro: aspectos morfo-fonológicos e semântico-cognitivos. *Revista Portuguesa de Humanidades*. Braga, Faculdade de Filosofia da UCP, v. 8, n. 1-2, pp. 151-70, 2004.

_____; _____. Bases semântico-cognitivas para a diferenciação de cruzamentos vocabulares. *Revista Portuguesa de Humanidades*, v. 11, pp. 75-85, 2007.

_____; _____. Por uma Cibermofologia: abordagem morfossemântica dos xenoconstituintes em português. In: MOLLICA, M. C.; GONZALEZ, M. (orgs.) *Linguística e Ciência da Informação*: diálogos possíveis. Curitiba: Appris, pp. 105-27, 2012.

_____; OLIVEIRA, P. A. Por uma visão compreensiva do processo de recomposição. *Anais do XVII Congresso Nacional de Linguística e Filologia*. Rio de Janeiro, CNLF, pp. 1-17, 2013.

_____; ANDRADE, K. E.; ALMEIDA, M. L. L. Se a macumba é para o bem, então é boacumba: análise morfoprosódica e semântico-cognitiva da substituição sublexical em português. *Linguística*. Rio de Janeiro, v. 6, pp. 64-82, 2010.

Atuais tendências em formação de palavras

GOULART, P. V. S. Super se gramaticalizando: o movimento de gramaticalização do "super" em blogs de revistas para adolescentes. *Cadernos do CNLF* – CIFEFIL. Rio de Janeiro, v. XV, n. 5, t. 3, pp. 2507-25, 2011.

HASPELMATH, M. *Understanding Morphology*. Oxford: Oxford University Press (Arnold Publications), 2002.

HOUAISS, A. *Dicionário Eletrônico Houaiss da Língua Portuguesa*. Rio de Janeiro: Objetiva, 2007.

HUNDBLAD, G.; KRONENFELD, D. Folk-Etymology: Haphazard Perversion or Shrewd Analogy? In: COLEMAN, J; KAY, C. J. (eds.). *Lexicology, Semantics and Lexicography*. Amsterdam/Philadelphia: John Benjamins, pp. 19-34, 2000.

JESPERSEN, O. *Die Sprache, Ihre Natur, Entwicklung und Entstehung*. Heidelberg: Carl Winters Universitaetsbuchhandlung. 1925.

JOSEPH, B. Diachronic Morphology. In: SPENCER, A.; ZWICKY, A. (eds.). *The Handbook of Morphology*. Oxford: Blackwell, pp. 351-73, 1998.

KOCH, I, V. *Coesão Textual*. São Paulo: Contexto, 1990.

LAROCA, M. N. C. *Manual de morfologia do português*. Campinas: Pontes, 1994.

LEHRER, A. Scapes, holics and thons: the semantics of combining forms. *American Speech*, v. 73, n. 1, pp. 3-28, 1998.

_____. Blendalicious. In: MUNAT, Judith (ed.). *Lexical creativity, texts and contexts:* The morphology/stylistic interface. Amsterdam/Philadelphia: Benjamins, pp. 115-33, 2007.

LIMA, B. C. *A formação de "Dedé" e "Malu"*: uma análise otimalista de dois padrões de Hipocorização. Rio de Janeiro, 2008. Dissertação (Mestrado em Língua Portuguesa) – UFRJ.

MARINHO, M. A. F. *Questões acerca das formações X-eiro do português do Brasil*. Rio de Janeiro, 2004. Dissertação de Mestrado – UFRJ.

MARONEZE, B. O.; BAZARIM, M. Uma proposta para o ensino de neologia no Ensino Médio. *I Simpósio Mundial de Estudos de Língua Portuguesa* – SIMELP. São Paulo, 2008.

MATTOSO CÂMARA JR., J. *Estrutura da língua portuguesa*. Petrópolis: Vozes, 1970.

MONTEIRO, J. L. *Morfologia portuguesa*. Fortaleza: Ed. UFC, 1987.

PAULA, J. P.; SOUZA, M. N. Breve análise sobre os sufixos -ito e -itcho (e suas variantes) no português brasileiro. *Cadernos do NEMP*. Rio de Janeiro, v. 2, pp. 113-30, 2011.

PERINI-SANTOS, P.; MELO, H. Inovações na morfologia do português brasileiro: tendências para a ampliação do léxico por gramaticalização, lexicalização, analogia. *Domínios de Lingu@gem*. Uberlândia, v. 5, n. 2, 2011, pp. 7-29.

PIZZORNO, D. M. *Polissemia da construção X-eiro*: uma abordagem cognitivista. Rio de Janeiro, 2010. Dissertação (Mestrado em Letras Vernáculas) – UFRJ.

PLAG, I. *Morphological Productivity*: structural constraints in English Derivation. Berlin/New York: Mouton de Gruvter, 1999.

_____. *Word-formation in English*. Cambridge: Cambridge University Press, 2003.

RALLI, A. Compounding versus derivation. In: SCALISE, S.; VOGEL, I. (eds.) *The Benjamins Handbook of Compounding*. Philadelphia: John Benjamins Publishing Company, 2010.

Bibliografia

Rocha, L. C. A. *Estruturas morfológicas do português*. Belo Horizonte: UFMG, 1988.

Rocha Lima, C. E. *Gramática normativa da língua portuguesa*. Rio de Janeiro: José Olympio, 1975.

Rodrigues, A. Adjetivos em -vel: um estudo dos processos de formação. *Cadernos Pedagógicos e culturais/Centro Educacional de Niterói*. Niterói, v. 2, n. 1, pp. 139-49, 1993.

Rondinini, R. B. *Formações X-ólogo e X-ógrafo no português*: uma abordagem derivacional. Rio de Janeiro, 2004. Dissertação (Mestrado em Língua Portuguesa) – UFRJ.

_____.; Gonçalves, C. A. Formações x-logo e x-grafo: um caso de deslocamento da composição para a derivação? *Textos selecionados do XXII Encontro Nacional da Associação Portuguesa de Linguística (APL)*. Coimbra/Lisboa: Colibri, v. 22, pp. 533-46, 2007.

Rundblad, G.; Kronenfeld, D. B. Folk-Etymology: haphazard perversion or shrewd analogy. *Lexicology, Semantics and Lexicography (Current Issues in Linguistic Theory 194)*. Amsterdam: John Benjamins, pp. 19-34, 2000.

Sandmann, A. J. *Formação de palavras no português contemporâneo brasileiro*. Curitiba: Scentia & Labor, 1985.

_____. *Morfologia geral*. São Paulo: Contexto, 1989.

_____. *Morfologia lexical*. São Paulo: Contexto, 1990.

Santos, J. B. A. Morfopragmática das formações truncadas no português do Brasil. Rio de Janeiro, 2002. Dissertação (Mestrado em Letras Vernáculas) – UFRJ.

Sapir, E. *Language:* an Introduction to the study of speech. New York: Harcourt, Brace and World, 1921.

Schwindt, L. C. *O prefixo no português brasileiro*: análise Morfofonológica. Porto Alegre, 2000. Tese de Doutorado – PUCRS.

Spencer, A. *Morphological theory*. Cambridge: Basil Blackwell, 1993.

Štekauer, P. *An Onomasiological Theory of English Word-Formation*. Amsterdam/Philadelphia: John Benjamins, 1998.

Stockwell, R.; Minkova, D. *English Words:* History and Structure. Cambridge: Cambridge University Press, 2001.

Szymanek, B. The latest trends in english word-formation. In: Štekauer, P.; Lieber, R. (eds.). *The Handbook of Word-Formation*. Netherlands: Springer, pp. 429-48, 2005.

Thami da Silva, H. *Uma abordagem otimalista da Hipocorização com padrão de cópia à esquerda*. Rio de Janeiro, 2008. Dissertação (Mestrado em Língua Portuguesa) – Faculdade de Letras, UFRJ.

Vialli, L. A. D. *A Reduplicação no Baby-talk*: uma análise pela Morfologia Prosódica. Rio de Janeiro, 2008. Dissertação (Mestrado em Língua Portuguesa) – UFRJ.

Warren, B. The Importance of Combining Forms. In W. Dressler et al. (eds), *Contemporary Morphology*. Berlin/New York: Mouton de Gruyter, pp. 111-32, 1990.

Wexler, Paul. Towards a structural definition of "internationalisms". *Linguistics*, v. 7, n. 48, 1969, pp. 77-92.

O Autor

Carlos Alexandre Gonçalves é professor associado da Universidade Federal do Rio de Janeiro (UFRJ), desde 1993. É pesquisador do Conselho Nacional de Desenvolvimento e Pesquisa (CNPq), desde 1999, e cientista da Fundação de Amparo à Pesquisa no Estado do Rio de Janeiro (UFRJ). Sua pesquisa está concentrada na morfologia do português e na interface fonologia-morfologia. É o autor do livro *Iniciação aos estudos morfológicos* (Contexto, 2011), *Introdução à morfologia Não-linear* (Publit, 2009) e *Flexão e derivação em português* (UFRJ, 2005). Tem mais de cem artigos publicados tanto no Brasil quanto no exterior.